MAGIA DE SIGILOS

Um guia de Bruxaria para a criação de símbolos mágicos

Elogios para Magia de Sigilos

"Em *Magia de Sigilos*, Laura Tempest Zakroff – uma Bruxa poderosa, artista talentosa e dançarina inspirada – oferece uma das maiores raridades mágicas: uma nova forma poderosa e altamente original de fazer magia. A maioria dos livros sobre Magia e Bruxaria refaz os mesmos velhos métodos e técnicas repetidamente, com não mais do que pequenas variações. Até onde sei, Tempest inventou uma abordagem totalmente nova para fazer e usar os sigilos aqui, e eu acho que é extremamente poderosa... Recomendo este livro nos melhores termos possíveis."

Robert Mathiesen, Professor Emérito,
Brown University e coautor de The Rede of the Wiccae

"Este livro maravilhoso leva o conceito de sigilo muito além das noções básicas e simplistas do método Spare [Austin Osman] e abre uma porta para a Arte e para o potencial mais profundos dos sigilos, conforme se aplicam ao espectro da Bruxaria. Estudantes de ocultismo com interesse em sigilos e em construção de sigilos: este é um livro que vocês precisam."

Arjil, professor de Just Effing Magick
e criador do Ellis Sigil

"Com estilo, sabedoria e uma generosa dose de humor, a artista e autora Laura Tempest Zakroff nos oferece um novo olhar sobre uma antiga prática mágica: a criação e o uso de sigilos, bem como ferramentas modernas para levar esta prática ao próximo nível. Desde o uso histórico e ritual de símbolos, sinais, selos e marcas ao próprio processo criativo, incluindo ferramentas e técnicas artísticas, a *Magia de Sigilos* faz uma contribuição impressionante para um corpo tradicional de conhecimento oculto."

Storm Faerywolf, autor de Betwixt and Between
e The Stars Within the Earth

"A *Magia de Sigilos* reúne uma série de fios da magia contemporânea com visão e inteligência, enquanto mantém as aplicações do simbolismo mágico na frente e no centro de tudo. O estudo de Zakroff abrange desde os padrões de tatuagem do povo berbere até marcas de grafite encontradas em vielas urbanas, mas o amplo alcance de seus interesses nunca atrapalha sua escrita clara. Sua abordagem para a criação de sigilos é enraizada, prática, imaginativa e inspiradora."

Cory Thomas Hutcheson, autor e coapresentador do New World Witchery

"Cheio de arte original, sigilos, pesquisa massiva e uma escrita e estilo de ensino claros, este é definitivamente o melhor livro sobre o assunto de sigilos que já foi escrito. Este livro não é apenas uma vitrine de métodos de sigilos históricos ou informações refeitas. Tempest traz novas ideias criativas para a mesa, enquanto coloca um foco na interação direta com o material do livro para fazer da *Magia de Sigilos* sua própria forma personalizada de Bruxaria."

Mat Auryn, médium profissional, feiticeiro, escritor e blogueiro da Patheos Pagan

"*Magia de Sigilos* combina perfeitamente a história e a arte de fazer marcas com a ciência e a arte da magia."

Chris Orapello, autor, artista e coapresentador de Down at the Crossroads

"Com este livro, Tempest muda totalmente a ideia de usar sigilos mágicos de um processo rotineiro e seco, para uma criação artística em que você não precisa ser um artista talentoso para fazer. Ela traz essas informações de uma forma coloquial; é fácil de seguir, divertido e cheio de detalhes históricos com uma perspectiva moderna... Depois de ler este livro, eu me senti super inspirado para criar um sigilo e tatuá-lo em mim!"

Phoenix LeFae, autora de
Hoodoo Shrines and Altars

"A *Magia de Sigilos* investiga áreas de trabalho de sigilos que não são comumente discutidas. Além disso, fornece ao leitor todas as ferramentas necessárias para enriquecer sua prática com o poder, a magia e a sabedoria que vêm da criação de símbolos mágicos personalizados. Altamente recomendado para qualquer pessoa interessada na interseção da Arte, da Magia e dos Símbolos."

Matthew Venus, artista,
mago sigílico e boticário mágico

Laura Tempest Zakroff

MAGIA DE SIGILOS

Um guia de Bruxaria para a criação de símbolos mágicos

ALFABETO

Publicado originalmente pela Llewellyn Publications sob o título
Sigil Witchery: a witch's guide to crafting magick symbols
Publicado em 2021 pela Editora Alfabeto

Supervisão geral: Edmilson Duran

Consultor editorial: Claudiney Prieto

Capa: Décio Lopes

Tradução: Rejeane Melo

Revisão: Luciana Papale e Marcos Gomes

Diagramação: Décio Lopes

DADOS INTERNACIONAIS DE CATALOGAÇÃO NA PUBLICAÇÃO

Zakroff, Laura Tempest

Magia de Sigilos: Um guia de Bruxaria para a criação de símbolos mágicos / Laura Tempest Zakroff; tradução de Rejeane Melo. Editora Alfabeto, 1ª edição. São Paulo, 2021

ISBN 978-65-87905-08-2

l. Wicca 2. Esoterismo 3. Bruxaria 4 Magia I. Título.

EDITORA ALFABETO
Rua Protocolo, 394 | CEP: 04254-030 | São Paulo/SP
Tel: (11) 2351-4168 | editorial@editoraalfabeto.com.br
Loja Virtual: www.editoraalfabeto.com.br

Para meus pais, Pete e Terry Zakroff.

Obrigada por acreditar em sua filha artista maluca.

E por suportar desde deusas de arame, moldes de gesso com 3 metros de altura, esculturas de blocos de sal, cavalos pintados nas paredes do meu quarto em tamanho real, até minhas últimas criações, e ainda me deixar pintar sua caixa de correio, o apoio de vocês para meu trabalho ao longo de toda a minha vida fez toda a diferença.

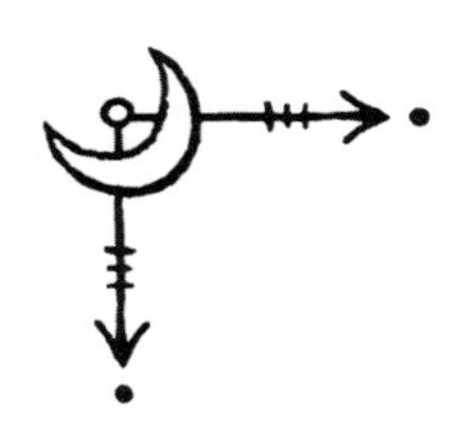

SUMÁRIO

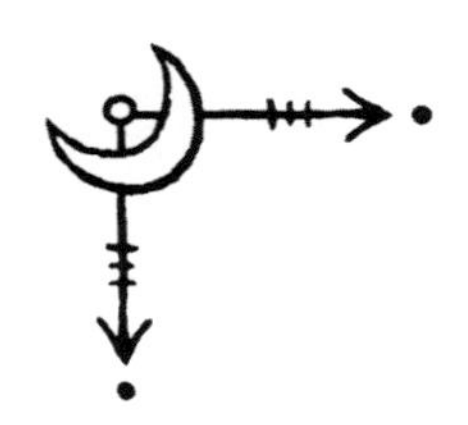

Ilustrações e Fotografias

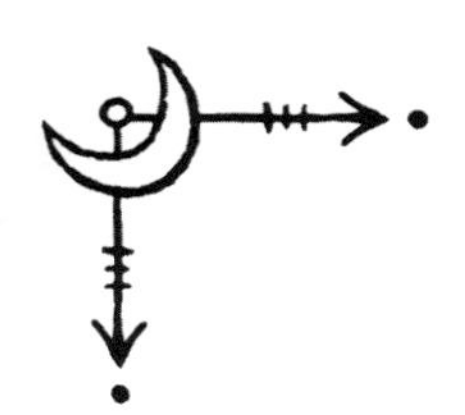

Prefácio da Edição Brasileira

A magia de sigilos nunca esteve tão em alta quanto na atualidade. Se você pesquisar rapidamente na Internet, verá que existem sites e mais sites que trazem referências do uso desse sistema mágico para tudo, desde métodos para perder peso até manifestações de militância em causas políticas e ambientais.

O conceito da sigilização mágica já era encontrado em obras cabalísticas como o *Sefer Raziel HaMalakh*, um grimório da cabala prática da Idade Média, escrito em hebraico e aramaico, onde tais símbolos eram chamados de *seguloth*. Isso demonstra que os sigilos têm sido usados na magia ocidental há pelo menos algumas centenas de anos. Encontramos esses símbolos enigmáticos da mesma forma nos grimórios medievais e também em toda sorte de tratados mágicos do passado, geralmente definidos como a assinatura pictórica de um anjo, gênio ou espírito.

Na magia clássica, o sigilo (do latim *sigillum*, significando "selo") era usado como uma espécie de artefato, cujos sinais enigmáticos tinham a virtude de convocar as esferas espirituais que o mago desejava invocar para o seu ritual, bem como controlá-las.

A figura que mudou para sempre o conceito de trabalho com os sigilos mágicos e a forma como criá-los foi Austin Osman Spare, um artista e ocultista britânico, que desenvolveu seu próprio método de sigilização. A metodologia empregada por Spare conferiu ao sigilo uma nova roupagem: o de ser a representação simbólica de um desejo e não mais a assinatura de espíritos.

Sendo um dos ocultistas mais fascinantes do mundo, Spare rompeu assim com a antiga tradição de ser o sigilo uma assinatura de uma inteligência espiritual. Nessa acepção o sigilo era usado com o propósito de assumir um aspecto prático na magia, possibilitando criar tantos símbolos quantos fossem possíveis os desejos da mente humana conceber, e tinha a função de controlar as forças na psique inconsciente do operador mágico.

No método de sigilos concebido por Spare, os sigilos eram criados a partir das letras de uma frase que expressassem um desejo. Essas letras eram reduzidas para formar uma espécie de monograma.

O que Spare estava fazendo, de fato, era ressignificar o conceito e a forma de elaboração dos sigilos da magia ocidental que – de Agrippa a Golden Dawn – sempre se apoiou em três pilares: o saber, a vontade e a imaginação sustentados pela lei das correspondências e do pensamento simbólico.

Em *Magia de Sigilos*, Laura Tempest Zakroff propõe um novo modelo de criar esses símbolos mágicos, e de forma tão autêntica quanto aquele desenvolvido por Austin Osman Spare. Não é de se admirar que da mesma forma que aconteceu com seu predecessor, as ideias inovadoras de Laura tenham sido muito aclamadas e abraçadas por diversas pessoas ao redor do mundo.

O sistema de criação de sigilos apresentado neste livro é simples, prático e poderoso. De forma revolucionária, coloca a magia visual ao alcance de todos e da mesma maneira proposta por Spare. No sistema de Laura apresentado nesta obra também não existe o conceito de sigilos "certos" ou "errados". O crucial é que o sigilo seja criado pelo seu portador, sendo altamente significativo para ele, pois o símbolo, uma vez criado, torna-se o catalisador universal do desejo mágico de quem o concebeu.

Este livro traz um olhar novo sobre um velho companheiro dos trabalhos mágicos de todos os Bruxos e Magos, fundamentados na Tradição Ocidental de Mistérios. Por meio dele será possível usar sua criatividade e desenvolver as habilidades necessárias para criar um sigilo que funcione e seja simples de ser desenvolvido. A magia de sigilos talvez seja uma das mais práticas a ser usada, porque, para realizá-la, não é necessário nada além de papel, lápis e caneta. Um sigilo pode ainda ser desenhado em um pergaminho, na areia ou até mesmo na parede da sua casa. O material a ser usado não é de relevância, porque o objetivo final da magia com sigilos é de que o símbolo seja internalizado. Exatamente por isso ele é muitas vezes destruído ou apagado no término do processo, a fim de ser definitivamente plantado no inconsciente do seu criador.

Quer mergulhar neste mundo incrível de símbolos e magia, onde os mais valiosos sonhos podem se tornar realidade com o simples traçar de algumas linhas em um pedaço de papel?

Então, sua busca acabou. Você está com o livro certo em suas mãos!

Claudiney Prieto[1]

---

1. Claudiney Prieto é autor do best-seller *Wicca – a Religião da Deusa* e de diversos livros sobre Bruxaria e Paganismo. É também fundador do Santuário da Grande Mãe e curador do Museu Brasileiro de Magia e Bruxaria. Siga sua página no Instagram em @claudineyprieto

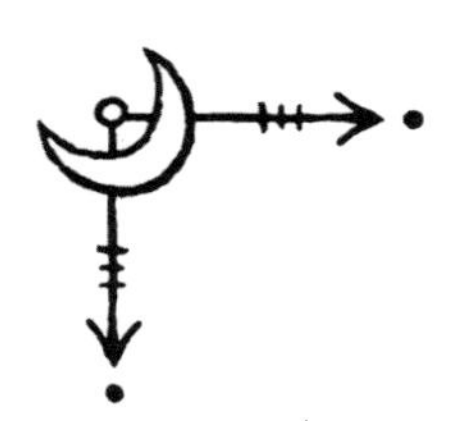

Prefácio

de Anaar Niino

E se, do fundo de sua consciência liminar, você pudesse criar sua própria linguagem simbólica? E se você pudesse criar, a partir do éter, uma linguagem pessoal? E se você pudesse criar uma linguagem mágica, uma linguagem secreta?

O que você faria com uma coisa dessas? Colocaria embaixo do travesseiro? Guardaria embaixo de um berço? Desenharia no ar com fumaça? Escreveria com batom?

E o que eu quero dizer com *linguagem simbólica*? Digo que é um conjunto de sinais usados para comunicar todos os tipos de coisas. As próprias palavras que você está lendo agora são um conjunto de sinais combinados. Você pode entender essas palavras porque sabe qual é o significado delas. A linguagem é simbólica porque, quando escrevo maçã, você entende o que significa aquele conjunto de símbolos abstratos. Não preciso desenhar uma maçã para você entender.

Essa é uma forma de linguagem simbólica. Ela tem seus usos, mas é de longe um dado adquirido. Com imagens ultrarrápidas piscando diante de nós, esses símbolos começam a perder sua natureza simbólica. Eles se divorciaram de sua natureza mágica, perdendo seu simbolismo para se tornarem mecânicos.

Os sigilos, por outro lado, são profundamente pessoais. Um sigilo é uma linguagem privada inventada, criada para significados específicos conhecidos apenas pelo criador. Não é necessário concordar para que o símbolo tenha efeito. Sigilos reabrem a natureza simbólica e mágica de uma forma escrita.

Você pode desenhar algo apenas para se divertir? Absolutamente! Essa forma de arte simbólica é um desenho, mas tem outros usos também! É uma forma de simbolismo que habita outra parte de nossa consciência, mais presente e facilmente acessível. Não é sem significado, já que a arte é sempre significativa de várias maneiras. Mas nem sempre se destina a aplicações espirituais mágicas.

Sigilos são ferramentas muito poderosas, que vêm das profundezas de nossa consciência, refletindo nossos desejos mais profundos. Os sigilos têm um trabalho a fazer. Eles vêm das profundezas de nossa psique e são lançados no mundo para fazer seu trabalho. O método moderno de fazer sigilos é de longe o meio mais eficaz de extrair esses desejos profundos.

Este livro cobre todas essas bases. Laura Tempest Zakroff oferece uma abordagem prática e não ameaçadora para o trabalho com sigilos. Desde conselhos sobre o desenvolvimento de sua própria linguagem simbólica até ideias sobre como aplicar esse sigilo, um novato deve se sentir muito confortável desenhando seu primeiro sigilo. Há muito espaço para a autoexpressão criativa, mas este livro oferece um método sólido e prático para suas aplicações mágicas.

Escrito em um estilo coloquial, *Magia de Sigilos* tira o véu e varre as teias de aranha do Arcano. Ele expõe o mistério do trabalho com sigilo pelo que ele é: simples. Claro que você pode ter me ouvido dizer, e vai ouvir de novo, que simples não é necessariamente fácil. Mas pelo menos é acessível.

Então vá agora. Pegue caneta e papel, batom e espelho, bastão e areia. Vá pegar algo para desenhar e fazer alguma magia.

Anaar Niino
Grande Mestra da Tradição Feri
Arquivista do *Victor and Cora Anderson Archive*
na *New Alexandrian Library*

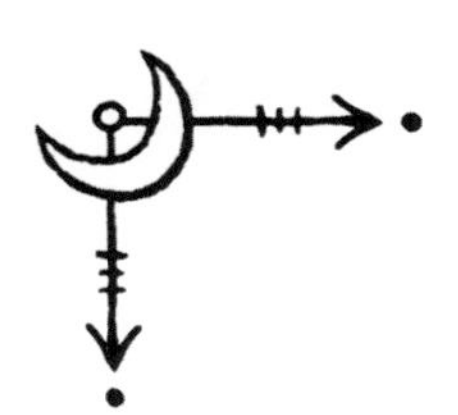

INTRODUÇÃO

Imagine uma grande sala de reuniões de hotel, com capacidade máxima para todos os tipos de Pagãos, exibindo uma ampla gama de idades, origens e experiências. Essas pessoas escolheram participar do meu workshop sobre Magia de Sigilos em meio a pelo menos uma dúzia de outras opções, todas acontecendo ao mesmo tempo, na movimentada programação da convenção. Embora tenha realizado workshops de metafísica, arte e dança por vinte anos, eu estava lutando contra uma boa quantidade de ansiedade. Esta era a primeira em vez que apresentaria minha opinião sobre sigilos para um público tão grande. Tive medo de que, talvez, as pessoas não tivessem lido a descrição e estivessem esperando algo mais tradicional. Eu mostrei uma imagem de um selo mágico cerimonial no retroprojetor e dei este aviso: "Ok, antes de começarmos, se este é o tipo de sigilo que você espera deste workshop, agora é a hora de você partir para que possa participar de outro evento. Sem ressentimentos. Eu só não quero que você fique desapontado. Estaremos olhando para a criação de sigilos de uma perspectiva muito diferente." Esperei. Nem uma única pessoa se mexeu. Respirei fundo e mergulhei. Pelos próximos noventa minutos, ninguém saiu da sala. Depois, durante todo o fim de semana, as pessoas continuaram vindo até mim perguntando quando escreveria um livro sobre o que havia apresentado.

Esse workshop deu início a um processo que levaria dois anos para ser concluído – desde a apresentação na PantheaCon até a chegada deste livro nas prateleiras de livrarias de todos os lugares. É realmente incrível ver o que a intenção focada pode realizar!

Acredito que toda Bruxa tem um certo talento no qual se destaca. Frequentemente, somos bons em muitas coisas, como adivinhação, Bruxaria, psiquismo e aconselhamento. Mas geralmente há uma área específica entre os muitos chapéus que usamos, que é o nosso nicho, uma habilidade com a qual nossa capacidade de influenciar e mudar o mundo ao nosso redor é fundamental. Algumas Bruxas ou Buxos são herboristas incríveis, seus jardins são exuberantes e prósperos. Outros se destacam na Bruxaria da cozinha, misturando sua magia com as refeições. Ou talvez tenham o dom da música, cuja canção encanta a todos a seu redor.

Para mim, esse talento envolve as artes visuais. Desenho e pinto desde que me lembro, e meus pais me ajudaram a desenvolver essas habilidades matriculando-me em aulas de arte aos três anos de idade. Continuei a estudar belas artes formalmente durante todo o curso da faculdade. Quer parecesse um caminho mais seguro para me manter ocupada quando criança (fui excluída das aulas de ginástica por não ser coordenada o suficiente) ou porque meus pais tiveram algum tipo de percepção psíquica, foi definitivamente o caminho certo para mim.

No início, percebi a arte como minha forma de entender e interagir com o resto do mundo. Tenho uma memória distinta de mim mesma aos cinco anos, rabiscando formas semelhantes a runas, com meus lápis de cor, em folhas de papel, uma para cada árvore em nosso quintal. Na minha cabeça, eu acreditava que as marcas eram para a proteção das árvores. À medida que fui crescendo, diverti-me desenhando dragões e sereias, contando a mim mesma histórias elaboradas sobre eles enquanto desenhava meticulosamente cada pequena escala. Por volta dos oito aos onze anos, eu era uma Egiptófila ávida, não apenas aprendendo sobre toda a mitologia, mas também aprendendo a ler e a escrever hieróglifos. Em seguida fui mais longe para explorar as culturas pré-históricas e as primeiras civilizações em todo o mundo – os restos de suas esculturas, arquitetura, pinturas e murais. Ao estudar a história da arte mais recente, naturalmente gravitei em torno dos movimentos e artistas cujo trabalho explorava a mitologia e a espiritualidade e se deleitava com o simbolismo: Gustave Moreau, Alphonse Mucha, Gustav Klimt, Marc Chagall, Frida Kahlo, Audrey Flack e Andrew Wyeth, para citar apenas alguns.

A questão era: como criar mito e magia em minha própria arte? Na faculdade, comecei a entender como poderia usar minha arte para explorar mitos, folclore e religião. Explorei o divino feminino e masculino por meio de grandes gravuras e pinturas feitas à mão. Eu experimentei lançar feitiços deliberadamente fazendo arte. Fiz estudos independentes sobre construção de santuários, adivinhação e técnicas de transe. Comecei a ver verdadeiramente a conexão entre as marcas que fiz e a canalização da intenção de obter resultados específicos. Nas últimas duas décadas, usei meu trabalho para explorar o espaço onde a magia e a arte se cruzam e ver como isso influencia ativamente meu caminho como Bruxa. Comecei a incorporar minha própria visão da Magia de Sigilos em meus desenhos e pinturas, seguindo meus instintos e recorrendo a anos de estudos de História da Arte.

As pessoas começaram a perguntar sobre meus sigilos, então decidi fazer a engenharia reversa de como os criei. (Pode parecer um pouco estranho que eu precisei descobrir isso, mas muitas vezes, quando faço arte, estou seguindo uma fórmula subconsciente internalizada.) Então considerei como outros poderiam usar o mesmo método para fazer seus próprios sigilos. Foi essa exploração que lançou os workshops e este livro.

Nossa jornada à frente

Eu entrei para a criação de sigilos por uma direção e prática muito diferente do método que é mais conhecido entre os praticantes de magia. Na verdade, foi só quando fui contratada para fazer uma ilustração para um artigo sobre sigilo de magia na revista *Witches & Pagans* que aprendi alguma coisa a respeito do método popularizado pelos magos do caos.

O método mágico do caos de criar um sigilo envolve a composição de uma declaração esclarecida. Em seguida, você remove todas as vogais e consoantes duplicadas e depois embaralha as letras restantes para criar o sigilo. Para terminar o trabalho, o sigilo é tipicamente queimado após sua criação. Ou pelo menos foi assim que o autor do artigo descreveu o método e como funcionou para ele. (Alguns métodos não envolvem a remoção das vogais, mas apenas das letras duplicadas.)

Gostei de ilustrar o artigo, especialmente porque foi bem escrito e divertido. É um método legal, especialmente se funcionar para você. Mas não é assim que faço sigilos – como você está prestes a descobrir.

Em vez disso, você aprenderá um processo que acredito ser mais intuitivo e fluido para os que pensam com o lado direito do cérebro e está muito fundamentado na Tradição Moderna da Bruxaria. Como assim? É um método relativamente novo e único para a criação de sigilos, ainda que extraia das habilidades básicas que nossos ancestrais usavam para se comunicar antes do advento da linguagem complexa. Também pode ser aplicado a uma variedade de técnicas metafísicas, abordagens de Bruxaria e caminhos espirituais. Independentemente de quão artístico você possa ou não se considerar ser, este tipo de Magia de Sigilos é acessível a pessoas com uma ampla variedade de habilidades e experiências.

Para começar esta jornada, vamos explorar o trabalho que nossos ancestrais nos deixaram e tentar decifrar seus mistérios, bem como iluminar as conexões modernas que podemos encontrar nos símbolos que nos cercam. Vou apresentá-lo a uma extensa coleção de marcas, formas e símbolos que serão a raiz de nossos sigilos e o orientarei na coleta de outros que têm significado e poder para você. Vamos explorar como a magia funciona e ver passo a passo como podemos criar sigilos para qualquer situação. Cobriremos uma ampla variedade de possibilidades pelas quais podemos implementar e aplicar sigilos para uso diário e ritual. Abordarei o projeto, a prática, a solução de problemas, os suprimentos e outros aspectos técnicos que o ajudarão a criar seus próprios sigilos. Também incluí cenários de prática onde você pode aprimorar suas habilidades e comparar seu trabalho com algumas soluções possíveis. Por último, incluí algumas das minhas próprias obras de arte e Magia de Sigilos para inspirá-lo, e forneci alguns recursos para você continuar sua própria pesquisa.

Antes de nos lançarmos no espaço dos sigilos, primeiro vamos considerar a estrutura para este método e revisar alguns dos fundamentos básicos da magia e dos sigilos. Compreender a base e o histórico de ambos é essencial para começar na direção certa.

A Tradição Moderna da Bruxaria

Este título pode parecer um paradoxo – como algo pode ser moderno e tradicional? Mas acho que é a descrição perfeita para o meu caminho. Sou uma Bruxa tradicional moderna, combinando o folclore, os mitos e as práticas de minha herança complexa e diversa com o reconhecimento de que sou uma pessoa moderna que vive nos Estados Unidos.

A Bruxaria – como um meio de conectar, ver e interagir com o mundo – é tão antiga quanto a civilização humana. Não estou falando sobre uma religião organizada específica, escola de mistério, tradição familiar ou sistema de graduação. Em vez disso, estou falando sobre o caminho da Bruxa – aquela que caminha entre os mundos, fala com os espíritos e divindades e manipula os limites da consciência. A conotação da palavra *Bruxa* e a identidade do praticante podem mudar de cultura para cultura, de geração para geração, mas o coração da magia é consistente por toda parte. (No entanto, a Bruxa persiste.)

Com o tempo, aprendemos, coletamos e construímos nossas práticas, ideias e tradições. À medida que a humanidade progride e faz novas descobertas, nós corrigimos, mudamos e crescemos conforme necessário. Guardamos o que funciona, anotamos o que não funciona e tentamos coisas novas. Podemos escolher fazer fogo com pederneira e isca, acender um fósforo ou um isqueiro, usar o poder do pixel digital para capturar símbolos com milhares de anos ou desenhar novas imagens com carvão e nossos dedos. Intuição e instinto apertam as mãos da engenhosidade e da imaginação. Esta é a essência da Tradição Moderna da Bruxaria.

Para guiar o caminho da Bruxa, existem três chaves:

- **Conheça a si mesmo:** esteja ciente de seus pontos fortes e fracos, mental, espiritual e físico.
- **Mantenha o equilíbrio:** o equilíbrio é uma ideia, não um lugar. Para entendê-lo, devemos considerar os pontos extremos, bem como a moderação, e perceber que todas as ações têm uma infinidade de reações possíveis.
- **Aceite a responsabilidade:** seja capaz de reconhecer, aceitar e trabalhar com as consequências conhecidas e desconhecidas de suas ações e palavras.

Seria sábio manter esses três conceitos em mente ao considerar o foco, a estrutura e o resultado pretendido de seu trabalho com sigilo. Você precisa ser realista sobre si mesmo e seu ambiente, bem como estar ciente de seus limites e possibilidades de crescimento. Você deve pensar criativamente sobre as soluções e fazer um *brainstorming* de possíveis resultados e efeitos. E, por último, você deve estar disposto a ser responsável por seu trabalho em termos muito reais.

Com essa perspectiva em mente como nossa estrutura, vamos explorar o essencial dos sigilos.

O que é um sigilo?

O mais importante primeiro é: como você pronuncia *sigilo*? Essa pode parecer uma pergunta realmente básica, mas acho que é comum para muitas pessoas, especialmente se você for um leitor ávido e raramente consegue ouvir certas palavras pronunciadas em voz alta. É também um lugar lógico para começar nosso estudo.

Como os dicionários listam a pronúncia: si·ji·lu

Uma explicação mais detalhada: o primeiro *i* é suave, então é como o "i" em Sidney, não muito tempo como em *silêncio*. O *g* é pronunciado como o "g" em gema. O segundo *i* é um som "i", como em giz. Se você não quiser pensar demais, sigilo rima com pupilo.

Etimologia: a palavra sigilo na língua inglesa deriva do inglês médio *sigulle*, que vem do latim *sigillum*, que significa "selo". Outra consideração é que pode estar relacionado ao hebraico (*segula*), que significa "talismã", ou uma palavra ou ação de natureza espiritual. [2]

Espero que isso ajude você com a pronúncia. Se você ainda não tiver certeza, pesquise sigilo no Google e o primeiro resultado deve ser uma breve definição com um ícone de som. Clique no ícone e você ouvirá a pronúncia correta.

---

2. N.T.: para o leitor de língua portuguesa, o termo "sigilo" é derivado do termo latino *signum*, cujo significado é (1) signo, sinal; (2) selo; (3) insígnia. *Sigiillum*, particularmente, significa (1) selo; (2) estatueta. [Essas informações foram colhidas em M. Bréal e A. Bailly *Dictionnaire Étymologique Latin* de. Paris: Hachette, 1911.]

O QUE É A MAGIA DE SIGILOS?

Um sigilo é um símbolo esculpido, desenhado ou pintado que se acredita ter propriedades mágicas. A Magia é a Arte de focalizar a vontade ou a intenção de alguém para provocar mudanças. Assim , a Magia de Sigilos serve para criar símbolos específicos para influenciar uma pessoa, situação ou ambiente.

Muitos ocultistas modernos e mágicos cerimoniais podem fazê-lo acreditar que a Magia de Sigilos pertence ao reino da "alta magia" – que é algo intimidante, requerendo conhecimento Arcano e talvez envolvendo uma associação a uma ou três sociedades secretas. Claro, quando você está procurando certos sigilos como um meio de invocar e controlar anjos, demônios e outros espíritos, muitas vezes é necessário ter um histórico de compreensão desses sistemas. Então, embora isso possa ser verdade para a forma que alguns magos usam, a arte da magia com sigilo é muito mais orgânica e tem origens básicas muito humildes. Na verdade, suas raízes podem ser encontradas na mais antiga magia preservada conhecida pela humanidade.

No coração da Magia de Sigilos está a marca desenhada à mão: linhas, pontos e cores que formam um símbolo para designar espaço, conjurar eventos, fornecer instruções ou invocar espíritos e divindades. Do contorno de uma impressão à mão, desenhada em ocre vermelho e amarelo em uma parede de caverna, a desenhos temporários feitos na terra para ritos sagrados, entalhes intrincados feitos em ferramentas e joias, ou murais em edifícios usamos nossas mãos para deixar nossa marca no mundo – procurando influenciá-lo.

A Tradição Moderna da Bruxaria tem uma abordagem muito prática e objetiva para a magia: "faça o que precisa ser feito, quando precisar ser feito" – sem muitos enfeites extravagantes. (Todo o resto é apenas uma cobertura de chantilly.) Isso geralmente significa usar o que estiver à mão para fazer o trabalho, em vez de selecionar ingredientes cuidadosamente e criar um ritual elaborado para coincidir com o alinhamento perfeito da Lua ou das estrelas. Esse imediatismo é a essência da Bruxaria para mim. Às vezes, apenas um pouco de sujeira, um barbante e um fósforo – ou uma caneta esferográfica e um pedaço de papel de caderno – farão o trabalho quando a vontade estiver concentrada e a necessidade for grande.

Algumas pessoas podem chamar desdenhosamente essa abordagem de "baixa magia". No entanto, se você comparar a magia à tecnologia de computadores, é a codificação de baixo nível que está mais próxima da fonte. Quanto mais alto você chega, mais se afasta da fonte, alterando o idioma para se adequar a outros propósitos.

Um método não é melhor que o outro; ambos realizam o trabalho à sua maneira. Ambas as abordagens certamente funcionam; o truque é descobrir para qual você é mais adequado.

Do simples ao complexo, do novato ao artesão, há muito espaço para aprender como criar seus próprios sigilos. Tudo o que é necessário é a vontade de abrir sua imaginação e a habilidade de deixar uma marca. Lembra da época em que você se perguntava quando a geometria poderia ser útil na vida real? Agora é a hora – e você não está sendo avaliado!

Portanto, deixe seus medos de lado, pegue um papel e uma caneta e vamos nos divertir. Terei o prazer de apresentá-lo ao mundo da Magia de Sigilos e ajudá-lo a aprender a integrá-la em sua própria prática.

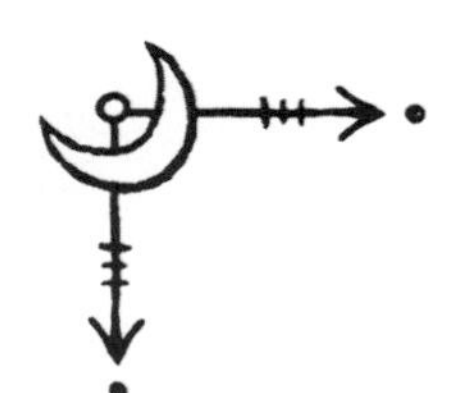

Capítulo 1

Uma História sobre a Criação de Marcas

Lembro-me, na escola infantil, de trabalhar meus dedinhos em uma bandeja rasa cheia de tinta para pintar com os dedos, misturando as cores – amarelo e azul para fazer verde, vermelho e amarelo para fazer laranja – espalhando tudo ao redor. Então peguei minhas mãos cobertas de tinta e as pressionei no papel limpo fornecido, deixando duas pequenas marcas. A professora pendurou todos os papéis no varal para secar e olhamos maravilhados para as marcas coloridas que havíamos feito, cada conjunto único.

Olho, cérebro, mão, arte

Quando crianças, gostamos de fazer arte. Reconhecemos instantaneamente nossa capacidade de criar novos mundos, contar histórias, recriar o mundo a nosso redor como o vemos e, o mais importante, deixar nossa marca no mundo.

À medida que envelhecemos, frequentemente deixamos de lado a arte e vamos em busca de outras maneiras de obter o reconhecimento dos outros e de entendermos a nós mesmos e ao nosso mundo. Podemos até esquecer que sabíamos desenhar, pintar ou brincar de faz de conta. No entanto, foram essas habilidades muito "simples" que nós, humanos, abraçamos pela primeira vez para iniciar nossa jornada em direção à civilização. Não importa o quão sofisticados possamos nos perceber agora. Nossa capacidade de visualizar ideias e desenhar símbolos é o que primeiro nos diferencia na linha do tempo da evolução. Em seu livro *The First Signs*, Genevieve Von Petzinger escreve: "O primeiro exemplo de fazer uma marca gráfica intencional foi um dos momentos profundamente importantes na história de nossa espécie – bem ali, com a invenção de ferramentas, o controle do fogo e o desenvolvimento da linguagem falada"[3].

Pode ser fácil para alguns rejeitar o desenho e a pintura como algo frívolo. Mas se você realmente pensar sobre isso, o processo e o pano de fundo por trás disso são incríveis. Observamos o mundo ao nosso redor e traduzimos 3-D em 2-D por meio de uma série de marcas, cores e formas. Ou imaginamos algo em nosso cérebro – literalmente algo que não tem forma física fora de nossa cabeça – e o atraímos para a realidade. A manifestação vem de ver com nossos olhos, imaginar em nosso cérebro e então criar através e com nossas mãos. O salto evolutivo que nosso cérebro precisou dar para ver, pensar e criar marcas intencionais é algo fenomenal. Nossa capacidade de pensar abstratamente, imaginar o tempo e o espaço e traduzir nosso mundo em novas formas é o que nos ajudou a nos diferenciar como uma nova espécie, milhares e milhares de anos atrás.

A maioria das pessoas está familiarizada com as incríveis pinturas rupestres na Espanha e na França, representando rebanhos de bisões e cavalos. Mas poucas pessoas, incluindo arqueólogos e antropólogos, voltaram seu olhar para as outras marcas feitas pelo homem encontradas nessas mesmas cavernas. Essas marcas e símbolos esquecidos chamaram a atenção da pesquisadora Genevieve Von Petzinger, que passou os últimos anos explorando cavernas por toda a Europa. Ela documentou todas as marcas que conseguiu encontrar e as colocou em um banco de dados. Nas palestras do TED e em seu livro *The First Signs*,

---

3. Genevieve Von Petzinger, *The First Signs* (New York: Atria Books, 2016), 174.

ela explica como encontrou trinta e dois sinais que aparecem repetidamente em cavernas a milhares de quilômetros de distância. Não apenas isso, mas sua fabricação também durou séculos, sugerindo um uso significativo ao longo do tempo. Sua pesquisa aponta para a probabilidade de que uma tradição simbólica tenha se desenvolvido na África muito antes de nossos ancestrais viajarem para outras partes do mundo. Essa teoria certamente poderia explicar as semelhanças que vemos nas primeiras artes da Europa, Indonésia e Austrália.

Montagem com Imagens das Pinturas Rupestres

Por que nossos ancestrais criariam um sistema de símbolos e migrariam com eles? Acho que a razão é muito fácil de determinar: o desejo de se comunicar e se conectar. Considerando a quantidade de esforço necessária para esculpir um objeto ou pintar em uma fenda escura de uma caverna, é claro que eles estavam propositalmente fazendo marcas com a intenção de comunicar um significado (mesmo que o significado preciso possa estar perdido para nós agora).

Quando olhamos para a linha do tempo histórica da tecnologia da comunicação, podemos ver a correlação direta com a evolução da sociedade. Algumas das primeiras ferramentas encontradas em cavernas foram usadas para esmagar e misturar pigmentos em tinta e aplicá-los sobre as superfícies – o que significa que podíamos coletar pigmentos de diferentes lugares e levá-los conosco. Tem a confecção de papiro e outras formas de papel para substituir pedras pesadas e tabuletas de argila, facilitando o transporte de imagens e palavras. Os avanços na encadernação de livros até a gráfica remetem ao desejo de disseminar ideias, compartilhar informações e coletar conhecimento. A partir do final do século 19, os telefones e telégrafos nos ajudaram a nos conectar a longas distâncias de maneira mais imediata. O século 20 viu o desenvolvimento dos computadores, da televisão e da internet levando à revolução da informação que temos hoje, em que minúsculos dispositivos manuais nos permitem compartilhar a nós mesmos com o mundo por meio de imagens, palavras e vídeo. Ainda hoje, contamos com símbolos e imagens para nos expressar e nos comunicar com o mundo que nos rodeia.

Muitos de nossos símbolos modernos compartilham modelos e formas com os trinta e dois sinais que Von Petzinger documenta. Esses sinais incluem o asterisco (forma de estrela de seis pontas), cruciformes (formas em cruz e X), semicírculos, linhas retas, pontos, divisas, hachuras, triângulos, estrias feitas com o dedo (linhas deixadas pelos dedos em superfícies macias, como argila e lama), ziguezagues, espirais, quadrangulares (formas de quatro lados), impressões de mãos, ovais, escalariformes (formas em escada), peniformes (formas de penas), círculos, cordiformes (formas de coração) e serpentiformes (em forma de cobra, linhas onduladas). Von Petzinger explora uma grande variedade de possibilidades de como e por que esses sinais foram usados: para marcar território, passar mensagens, contar histórias, para ritual e magia, para adorar e observar, etc. O mais importante para Von Petzinger não é identificar as interpretações exatas desses sinais, mas reconhecer que eles são "o produto de uma mente totalmente moderna, capaz de grande abstração e pensamento simbólico"[4] . O que importa não é o significado dos símbolos, mas o fato de que nós, humanos, os criamos – marcando simultaneamente nosso lugar na escada evolucionária.

Mesmo se fôssemos capazes de descobrir o significado exato de uma coleção de símbolos de uma determinada área, é muito provável que o significado dos sinais mudasse com o tempo e local, variando de grupo para grupo. Nem precisamos ir muito longe no registro histórico para encontrar evidências dessas flutuações. Por exemplo, considere a forma da *hachura*. Cresci chamando de símbolo do jogo da velha no telefone multifrequencial e de sinal numérico na aula de matemática. Meu marido – um músico – estaria mais inclinado a vê-lo como o símbolo do sustenido, denotando uma nota tocada meio tom acima.

Agora é comumente chamado de *hashtag* e é usado para rastrear tendências de mídia social por palavras-chave na internet. Imagine se eu mostrasse a uma criança o telefone de mesa rotativo que meus avós tinham. Ela provavelmente teria grande dificuldade em tentar descobrir, imaginando como alguém poderia enviar texto e taguear com aquela coisa!

Sem um códice ou registro histórico completo, é difícil saber com certeza o que muitos daqueles primeiros símbolos significaram para nossos ancestrais, bem como e por que eles os usaram daquela forma. É possível que eles os tenham esculpido e pintado em tudo (eles próprios, suas roupas, construções), mas só temos o que foi deixado

4. Genevieve Von Petzinger, *The First Signs* (New York: Atria Books, 2016), p. 268.

para trás com o tempo graças ao ambiente protetor das cavernas. Muitos dos melhores exemplos de pinturas rupestres não ocorrem em áreas que também mostram evidências de habitação humana regular. Essa informação sugere que essas cavernas podem ter sido locais sagrados, o que dá crédito à ideia de que a arte pode ter tido conotações espirituais e mágicas.

Como assim, você pode perguntar? As imagens estilizadas daqueles enormes bisões redondos e cavalos a galope podem ser alinhadas com o que alguns antropólogos e historiadores da arte chamam de "magia da caça", que cai no reino da magia simpática. Essa é a ideia de que semelhante afeta semelhante e que o microcosmo pode trazer mudanças no macrocosmo – influenciando o todo por meio da associação ou manipulação da parte. Assim, ao pintar uma presa bem alimentada e retratar uma caça bem-sucedida, nossos ancestrais podem ter acreditado que seu trabalho metafísico traria seu desejo à realização. Poderíamos interpretar os sinais ao redor dos animais como armas, rastros de animais e caçadores e simulação de ferimentos.

Mas isso explica apenas uma pequena porcentagem das pinturas e esculturas em cavernas. Podemos encontrar muitas pinturas de animais sem essas marcas e sinais de caça. Também encontramos esses mesmos símbolos em lugares sem representações de animais – portanto, a magia da caça pode não ser a verdadeira razão pela qual foram feitos.

Outra explicação possível pode ser encontrada no trabalho de David Lewis-Williams sobre a exploração do xamanismo e a arte rupestre. Sua pesquisa sugere que existem sete formas abstratas que se manifestam por meio do que é chamado de fenômenos entópticos. A palavra *entóptico* deriva das palavras gregas para "dentro" e "visão", portanto, fenômenos entópticos se referem a efeitos visuais, cuja origem está nos próprios olhos e no cérebro – ou seja, não são causados por estímulos visuais externos. Essas sete formas são pontos, semicírculos, espirais, ziguezagues, linhas paralelas, linhas onduladas e grades (ou hachuras) – todos os desenhos que também são encontrados na arte rupestre em todo o mundo. Talvez os artistas das cavernas estivessem desenhando formas que viam em transe e em visões durante o sonho. Então, talvez esse seja outro tipo de atividade esotérica, conectando a construção dessas formas com transes e jornadas xamânicas.

Ou talvez haja outra explicação, uma ligada à identidade. Em minha opinião, um dos símbolos mais poderosos encontrados na arte rupestre é a impressão da mão. As impressões das mãos foram feitas de duas maneiras: pressionando a mão contra a parede e contornando-a com pigmento, ou pintando a mão com pigmento e "imprimindo" na parede. As impressões das mãos costumam ser vistas em camadas uma sobre a outra, em uma ampla variedade de tamanhos – uma pista de que foram feitas por pessoas de todas as idades e gêneros. Portanto, não apenas xamãs ou artistas, mas todos podem ter ajudado na confecção dos símbolos. Vejo as impressões das mãos como uma das maneiras mais simples de deixar sua própria marca no mundo. Isso diz a todos: "Eu existo, estive aqui". Ainda hoje, esse significado é evidente quando ensinamos nossos filhos a pintar com os dedos e a pressionar as mãos na argila para que possam ver as marcas deixadas para trás. Eles aprendem a natureza transformável de seus próprios corpos quando lhes mostramos como transformar o contorno de suas próprias mãos em outras formas (como perus!).

Também podemos ver correlações em outras práticas artísticas mais modernas que podem sugerir o que nossos ancestrais faziam. A repetição de símbolos e padrões encontrados em paredes, ferramentas, joias e estatuetas e em cemitérios – quando comparados a desenhos semelhantes encontrados em sistemas modernos – sugere marcas de propriedade, exploração/mapeamento de paisagem, identificação tribal, posição pessoal ou indicação da estação do ano, talismãs e poderes de proteção, fins decorativos, dispositivos mnemônicos e narração de histórias. Portanto, vamos examinar alguns exemplos relativamente recentes de sistemas de símbolos, cujo significado realmente conhecemos, e usá-los para ver os fios que nos conectam a nossos ancestrais e uns aos outros.

Impressões Manuais do Fenômeno Entóptico

Impressão das Mãos em uma Arte na Caverna
e a Familiar Mão em Forma de Peru

Sinais, símbolos e sociedades

Antes de explorar alguns exemplos maravilhosos de vários sistemas de símbolos, vamos parar um momento para pensar sobre algumas palavras. Símbolos, sinais, sigilos, selos, temas, desenhos e imagens são geralmente descritos como palavras sinônimas. (Vou usá-las ao longo do texto para que em alguns lugares não fique repetitivo.) Tudo isso se conecta quando temos um contato visual e atribuímos o mesmo significado ou importância para o que estamos vendo, mas existem algumas nuances que vale a pena observar:

- Um **sinal** representa uma ideia ou aponta para ela de uma forma bastante direta. Pense em sinais de trânsito, anúncios, etc.
- Um **símbolo** é semelhante a um sinal, mas tende a representar algo mais profundo, complexo ou abstrato do que ele mesmo e pode ter um significado ou verdade oculta.
- Um **sigilo** é esculpido, desenhado ou pintado e se acredita ter propriedades mágicas ou poder.
- Uma **foca** é um mamífero que vive perto d'água. (Só para ver se você ainda estava prestando atenção!)[5].
- Um **selo** é uma marca que mostra autenticidade, demonstra autoridade ou mantém algo seguro ou secreto.
- Um **tema** é uma forma ou formato recorrente e distinto que se repete em um desenho ou padrão.
- Um **desenho** é uma estrutura cuidadosamente organizada de elementos em uma obra de arte.
- Uma **imagem** é uma semelhança física ou representação visual de uma pessoa, lugar, coisa ou ideia.

Estou apresentando essas sutilezas para que você possa considerá-las enquanto vê as próximas ilustrações e pensa sobre como cada cultura usa sua arte.

---

5. N.T.: aqui a autora brinca com a palavra *seal* que, em inglês, além de significar "selo", também significa "foca").

Acho importante observar que não estou mostrando os seguintes exemplos de sistemas de símbolos para dizer "Estes são os sigilos" ou "Faça como esta cultura". Estou incluindo-os aqui para demonstrar as semelhanças na linha, marca, forma e uso entre as diversas culturas e períodos de tempo.

Você pode apreciar o trabalho sem se apropriar dele e reconhecer sua semelhança. Caso se interesse por qualquer sistema (sejam os apresentados aqui ou outros), eu o encorajo a fazer mais pesquisas sobre as culturas que os cercam. Além disso, se você tem raízes em um sistema mostrado aqui, espero que encontre uma nova inspiração e perspectiva – talvez um novo ângulo ou área para estudar em seu caminho.

Simples, mas sofisticado, sagrado e secular

Levando em conta símbolos em pinturas rupestres, manuscritos medievais ou arte moderna, é vital que entendamos que, essencialmente, o mesmo cérebro fez todos eles. Apesar dos avanços da ciência e da tecnologia e da exploração do pensamento ao longo do tempo, não estamos física ou mentalmente mais avançados nos dias atuais. Somos tão sujeitos à superstição hoje quanto capazes de ter raciocínio lógico.

Pensar em nossos ancestrais como menos avançados ou inteligentes é uma noção tão rebuscada quanto romantizar pessoas hoje que parecem ou vivem de modo diferente de nós. Podemos ter experiências e aparências diferentes, mas somos todos humanos – e muitas vezes recorremos aos símbolos pelos mesmos motivos.

Portanto, mesmo que não possamos determinar exatamente por que as pinturas em cavernas foram feitas, é seguro dizer que os símbolos tinham um significado profundo para as pessoas que os fizeram. E essas pessoas não eram tão diferentes de nós. Por quê? Porque quando encontramos símbolos semelhantes em outras partes do mundo, ainda usados por sociedades vivas, eles são inerentemente complexos e altamente sofisticados, apesar de sua aparente simplicidade.

Para entender essa relação, primeiro examinaremos a arte dos aborígenes – os povos indígenas da Austrália. De acordo com inúmeras descobertas arqueológicas, pelo menos nos últimos 50.000 anos, uma multidão de tribos diversas floresceu no continente e nas áreas circundantes. Muito de sua arte e seus significados conseguiram sobreviver, apesar dos efeitos dos últimos duzentos anos de colonização branca. O conceito de ter certas pessoas especializadas em fazer arte é uma ideia mais recente para os aborígenes – a arte sempre foi uma parte tão complexa da vida diária que todas as pessoas estavam envolvidas no processo de fazê-la: cestas, tecelagens, esculturas, pinturas corporais, desenhos na areia, fabricação de ferramentas, dança, etc. Essas tradições continuam a evoluir até hoje por meio de artistas aborígines modernos, tanto na mídia tradicional quanto na nova.

Muitos dos símbolos encontrados na arte aborígine claramente têm uma base como sinais retransmitindo informações importantes de sobrevivência. Existem as marcas formadas a partir de rastros de animais: uma divisa com uma linha central para representar pegadas da ave emu, formas da letra J opostas para pegadas de canguru e uma linha serpentina franjada para representar a impressão deixada pela goanna (um grande lagarto). Outros símbolos representam os corpos dos próprios animais: agrupamentos de pequenos pontos para formigas, ovais maiores para ovos, linhas onduladas grossas para cobras e anéis conectados para representar larvas. Há também os sinais que marcam características da paisagem que são importantes para a sobrevivência. Círculos concêntricos e espirais são usados para marcar a localização de poços d'água e eles são conectados por linhas onduladas paralelas se houver água corrente entre eles. Os locais de encontro também são marcados com círculos concêntricos, mas cercados por linhas diagonais que apontam para o centro. E têm os símbolos para equipamentos de caça, baseados em contornos simplificados de lanças, escudos e bumerangues. Outros símbolos são muito mais estilizados, como um U invertido para simbolizar uma pessoa, que é então emparelhado com várias configurações de linhas verticais para representar um homem ou uma mulher, bem como sua idade.

Coleção de Sinais e Símbolos Aborígenes

Para a maioria dos símbolos encontrados na arte aborígine, suas semelhanças com rastros, características e animais reconhecíveis – bem como o fato de estarmos lidando com uma cultura *viva* com uma longa história que ainda usa esses símbolos – podem nos levar a acreditar que os significados são bastante diretos e consistentes. A cultura está em constante evolução, e a Austrália é um lugar enorme, com diferentes paisagens e desafios em cada área. Alguns símbolos ganham novo significado à medida que caçadores e coletores se tornam fazendeiros, médicos e advogados – e outros perdem significado.

Também é importante reconhecer que essas formas se tornam a inspiração para padrões de decoração e elementos de magia e rituais. Os pontos podem formar uma formiga minúscula e também podem significar a presença de formigas, que podem também representar colônias. Movimento e coisas pequenas têm um impacto maior com o tempo. Círculos concêntricos e espirais podem marcar a localização física de um bebedouro, mas também simbolizam o poder vivificante da água, a vazante e o fluxo da vida e um lugar onde todos se reúnem. A multiplicidade de significados ilustra a importância de não levar tudo tão literalmente. Devemos lembrar também que, embora semelhantes, os símbolos podem ter significados diferentes para outras pessoas.

É importante não cair na armadilha de perceber a arte aborígine (ou qualquer outra arte da qual falaremos) como "primitiva". Não há nada de primitivo ou simplista em abstrair o mundo ao nosso redor. Antropólogos, arqueólogos e historiadores eurocêntricos têm feito um trabalho espetacularmente horrível nos últimos séculos, diminuindo o trabalho de culturas não encontradas em seu continente. Embora possa parecer que fazer arte representacional requer muita habilidade, é necessário um senso mais profundo de criatividade para ver o mundo em termos não representacionais. Essa visão mais profunda inclui tudo, desde o uso de formas, cores e padrões, para expressar experiências espirituais e oníricas, até corpos alongados e exagerados, para expressar movimento e presença divina. Fazer uma representação precisa de algo a mais, requer observação cuidadosa, enquanto criar abstração requer um uso significativo da imaginação.

Um ótimo exemplo de uso abstrato de símbolos aborígines fora da representação de atividades diárias e de vida, é quando eles são usados para descrever o que é conhecido em Inglês como "o Sonhar", uma ideia que engloba uma forma de descrever tudo o que é conhecido e liminar, a origem e posterior mitologia do povo. Explica a vida, o viver, o ser e o morrer e como tudo está interligado. Em seu livro *Images of Power* , David Lewis-Williams observa que fazer arte é parte integrante da experiência e da estética religiosa aborígine. Ele escreve que "o grande tema da arte bosquímano é o poder dos animais para sustentar e transformar a vida humana, proporcionando acesso a dimensões espirituais de outra forma inatingíveis"[6]

É interessante notar que, em alguns casos de exploração da ideia do Sonhar, os símbolos devem ser marcas duradouras e, em outros usos, apenas temporárias. Existem sinais gravados em pedra ou pintados em telas para contar histórias importantes, significar fisicamente ou marcar locais sagrados e descrever forças míticas. Mas esses mesmos símbolos – como espirais e linhas onduladas – podem ser encontrados pintados em corpos, tanto para decoração quanto para uso ritual. Existem também pinturas no chão em grande escala, criadas especialmente para uso ritual pelos praticantes. Novamente, símbolos e imagens básicos comumente utilizados podem ser usados, mas acredita-se que eles se tornam sobrenaturalmente realçados durante a cerimônia e devem ser destruídos posteriormente. Mas isso só acontece com certos processos rituais. O mesmo símbolo desenhado para outro propósito não é alterado metafisicamente e não precisa ser destruído[7]

Essa dualidade significa que, embora um símbolo possa ser usado no contexto de um ritual sagrado, os artistas aborígines também usam os mesmos símbolos no mundo secular. Não estão vinculados exclusivamente à aplicação sagrada, porque não existe uma linha tão rígida entre o espiritual e o secular. Lewis-Williams explica: "Para o bosquímano, a religião não é uma parte separada da vida a ser cumprida apenas em certas ocasiões solenes e rituais. Faz parte do tecido da existência cotidiana: nenhuma linha clara é traçada entre o sagrado e o secular. Esta é uma das razões pelas quais suas crenças e atitudes

---

6. David Lewis Williams and Thomas Downson, *Images of Power: Understanding Bushman Rock Art* (Johannesburg: southern Book Publishers: 1989), Prefácio.

7. Para obter um bom recurso on-line sobre arte aborígine pelos aborígenes, recomendo verificar http://aboriginalart.com.au.

em relação ao sobrenatural são importantes para uma compreensão adequada de sua arte"[8]

Acho que uma das lições mais valiosas a tirar da arte aborígine é a fluidez aceita entre as imagens mundanas e espirituais. Um único símbolo pode existir em ambos os mundos; seu significado e aplicação são inerentes à pessoa que o faz ou usa. É a crença deles que orienta o significado para aquele momento ou aplicação – e isso pode ser tão óbvio e concreto ou tão movido pelo espírito e misterioso quanto o criador pretende que seja. Essa relação entre o símbolo e o artista é algo que você vai querer manter em mente quando for a hora de começar a fazer alguma Magia de Sigilos.

Uma imagem vale mais que mil palavras...

Um dos principais benefícios dos símbolos e dos sinais é que eles simplificam ideias complexas. Uma única imagem pode representar uma situação completa e ser rapidamente compreendida por quem sabe interpretá-la.

Esses primeiros símbolos nas paredes das cavernas provavelmente não eram letras de um alfabeto ou rabiscos aleatórios, mais provável que eles fossem parte de sistemas pictográficos ou ideográficos. Os símbolos tornam-se sinais e mensagens não apenas para as pessoas que os fazem, mas também para outros verem mais tarde e responderem.

Podemos olhar para a linguagem para ter um vislumbre da conexão entre símbolos, palavras, significados e uso. Com o tempo, os pictogramas podem ter evoluído para sistemas de escrita logográfica, em que os glifos representam palavras e sons, e não as coisas com que se parecem. Por exemplo, com hieróglifos egípcios, há uma linha de glifos que claramente se parecem com um animal ou algum item,

8. David Lewis-Williams e Thomas Dowson, *Images of Power: Understanding Bushman Rock Art* (Johannesburg: Southern Book Publishers, 1989).

mas eles não devem ser lidos como "íbis, homem, pato, olho, escaravelho, cajado, bastão". Onde cada glifo é colocado – em que lugar está localizado, se está para cima ou para baixo – altera o seu significado.

Isso torna o contexto ainda mais importante a se considerar. não há necessidade de puxar um único símbolo de um grupo para compreender seu significado completo; você precisa ver todo o quadro e suas inter-relações. Também é fascinante notar que tanto os antigos hieróglifos egípcios quanto as primeiras escritas chinesas têm essa estrutura em comum. Especialmente com os caracteres chineses, podemos observar sua longa e preservada história à medida que evoluíram da aparência original das coisas que representam e tornaram-se cada vez mais estilizados e simplificados com o passar do tempo. Essencialmente, isso reduziu a quantidade de tempo necessária para fazer cada personagem.

Na ilustração da evolução do caractere chinês que veremos a seguir, observe a semelhança com uma carreta ou uma carroça real à esquerda e como o desenho se torna mais estilizado à medida que evolui para direita.

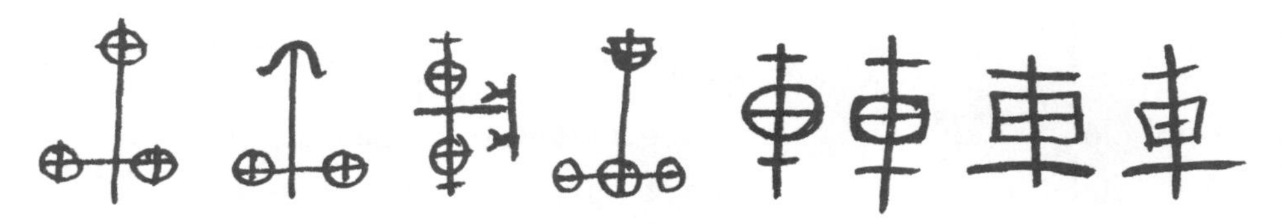

Evolução do Caractere Chinês para Carreta ou Carroça

Muito raramente, um único glifo de um script logográfico representa uma ideia completa como um símbolo ou pictograma criado. É mais como uma letra, um som, parte de algo muito maior. Tenha isso em mente ao criar sigilos. Um ponto, linha ou estrela ganha um significado mais complexo no que se refere a outras formas e marcas colocadas a seu redor.

Uma maneira de ver isso em ação são os cartuchos egípcios, que começaram a aparecer no início da Quarta Dinastia, durante o governo do Faraó Sneferu. Um cartucho é um grupo de hieróglifos envoltos em um anel shen alongado (uma forma oval com uma única extremidade achatada) e originalmente significava um nome real. Cartuchos são encontrados em amuletos e esculpidos como selos de proteção em tumbas. A forma oval fechada em torno dos hieróglifos atua como uma borda da magia simpática – ela protege o nome, portanto, protege o portador desse nome. Hoje em dia você pode fazer seu próprio nome em um cartucho (mesmo se você não for considerado um membro da realeza) para lhe trazer proteção e boa sorte.

Cartucho Egípcio

Se considerarmos a palavra *hieróglifo*, também obteremos uma sugestão de inspiração divina. Originária do grego *hieros*, "sagrado", e de *glyphe*, "escultura", os hieróglifos podem ser vistos como escritas/imagens sagradas. Um exemplo de conexão entre os hieróglifos e o sagrado poder das palavras é o alfabeto hebraico. Considerado um dos alfabetos mais antigos, há muito tempo é associado a um contexto sagrado na cultura judaica. A história real entre os judeus e o Egito é um tópico quente de debate nos círculos bíblicos e arqueológicos, mas as semelhanças entre os símbolos e as letras são bastante aparentes[9].

Convém destacar, porém, o uso do alfabeto hebraico para a magia – tanto em um contexto antigo quanto moderno. Existem muitos exemplos de trabalhos sobrenaturais na Torá (os textos sagrados do judaísmo), mas a maioria das pessoas está familiarizada com as histórias do Rei Salomão do *Livro dos Reis*. Existem numerosos contos de suas façanhas mágicas, mas o mais relevante aqui era sobre o anel dado a ele por Deus que trazia um selo especial, com o poder de controlar os *djinn* (espíritos ou demônios, dependendo da tradução). A história do Rei Salomão também fornece inspiração para o misticismo judaico e outros textos mágicos muito mais adiante, que buscam poder por meio de símbolos como aqueles encontrados na Cabala e na *Chave de Salomão*. O termo *Cabala* se refere a um ramo do misticismo judaico que se acredita ter surgido na França e no sul da Espanha no século 12 ou 13, e que se concentra na "estrutura interna e nos processos que ocorrem dentro dos reinos divinos, em cuja dinâmica metafísica os cabalistas tentaram exercer influência"[10]. Os princípios cabalísticos sugerem que, uma vez que a língua hebraica tem origem divina, pode-se tomar um nome específico, observar os caracteres que compõem esse nome e usar correlações matemáticas e geométricas

9. Veja o fascinante gráfico de comparação em "History of the Hebrew Alphabet," https://en.wikipedia.org/wiki/History_of_the_Hebrew_alphabet.

10. Dr. Agata Paluch, *The Power of Language in Jewish Kabbalah and Magic: How to Do* (and Undo) Things with Words, 29 de fevereiro de 2016, www.bl.uk/hebrew-manuscripts/articles/the-power-of-language-in-jewish-kabbalah#sthash.NrP5zEMk.dpuf.

como fórmula para implementar a magia com ele. É provável que o trabalho dos Cabalistas tenha influenciado os escritores da *Chave de Salomão*, um grimório que surgiu por volta do século 14 ou 15 durante o Renascimento Italiano. A *Chave de Salomão* serve como um manual de instrução nas artes mágicas – e há também a *Chave Menor de Salomão*, compilada por volta do século 17 com uma intenção semelhante. As teorias cabalísticas e a geometria sagrada, bem como as duas Chaves, podem ser vistas como uma grande influência em muitas tradições de magia cerimonial nos últimos quinhentos anos. É por meio dessas várias ordens que uma série de práticas de sigilos se desenvolveram, tão intimamente ligadas às teorias mágicas hebraicas, que em muitos grimórios de magia cerimonial modernos você ainda encontrará sigilos com caracteres hebraicos incorporados a eles.

Mas não vamos cair na toca do coelho mágico cerimonial! (Na "Bibliografia e Sugestões para Futuras Pesquisas" há informações adicionais se você quiser estudar qualquer um desses documentos históricos on-line.) Vamos voltar ao poder da palavra, símbolo, imagem – e religião.

Portanto, no Egito, temos o desenvolvimento de palavras ilustradas ao lado de uma rica história de escultura, murais e outras artes pictóricas. As imagens representativas eram comumente feitas para homenagear os deuses e registrar a vida diária, e os egípcios têm uma extensa linha do tempo de criação de arte pictórica. Apesar de sua conexão inicial com os hieróglifos, o alfabeto hebraico distantemente se afastou das imagens reconhecíveis. Esse desenvolvimento estilístico provavelmente está ligado ao segundo dos Dez Mandamentos, que proíbe a confecção de imagens "gravadas" e a adoração de ídolos. Uma proibição semelhante é encontrada no Islã, a respeito de retratar a forma humana, atitudes que beiram a idolatria. Em vez disso, tanto judeus quanto muçulmanos colocam sua energia artística mística na palavra escrita e no poder dos símbolos. No judaísmo, há uma rica história de objetos rituais (cálices, invólucros de pergaminhos, instrumentos de leitura) sendo fortemente gravados ou entalhados com desenhos simbólicos baseados em letras hebraicas para torná-los agradáveis a Deus – colocando-os de lado como objetos sagrados. No Islã, há palavras combinadas com geometria sagrada para criar desenhos e temas elaborados que evocam o divino em tudo, desde arquitetura a vasos, tapetes e joias. O alfabeto árabe, assim como o hebraico não foi projetado para nos lembrar de imagens, mas é incrivelmente gracioso e bonito de se olhar. Mesquitas inteiras são cobertas com palavras sagradas e combinadas com desenhos geométricos para formar padrões, no lugar de usar imagens representativas. Mesmo quando a religião tenta proibir isso, a humanidade ainda encontra maneiras de usar a arte para expandir a consciência e se conectar à divindade e ao mundo ao nosso redor.

Símbolos incorporados

Se nos movermos para o Oeste do Egito e da vizinha Península Arábica, encontraremos o povo berbere, mais comumente conhecido como berberes, que é nativo do Norte da África e vivem em toda aquela região, acredita-se que residam lá desde pelo menos 10.000 AEC. Existem inúmeras pinturas e artes rupestres nas montanhas da Argélia e no Saara, criadas, provavelmente, pelos ancestrais do povo berbere de hoje. Embora a maioria dos berberes modernos sejam muçulmanos sunitas, as práticas em algumas regiões apontam para religiões pré-islâmicas com crenças enraizadas no politeísmo, bem como no animismo e na veneração dos ancestrais. Muitas das tribos são ou foram nômades, portanto, foram comerciantes de cultura e arte durante grande parte de sua existência. É possível que, por meio de sua incrível arte simbólica, possamos dar uma olhada na história.

Tal como acontece com os aborígenes, a arte é profundamente intrínseca à vida dos berberes, com símbolos predominantes e poderosos em toda a cultura. Em seu livro *Imazighen: The Vanishing Traditions of Berber Women* , Margaret Courtney-Clarke e Geraldine Brooks observam: "As línguas berberes foram fragmentadas pelo tempo e pela distância, mas a linguagem dos símbolos permanece. Os dialetos são diferentes, mas os símbolos que os berberes usam em suas joias, cerâmicas, tecidos e até tatuagens na pele são os mesmos nos vales das cordilheiras Kabylia da Argélia, nos picos do Alto Atlas do Marrocos e nos desertos da Tunísia"[11]. Não apenas uma mera decoração, os símbolos cobrem as paredes das casas e são tecidos em tapeçarias, tapetes e roupas, pintados em cerâmica e transformados em joias talismânicas – tudo para proteger as pessoas que as usam em todos os aspectos de suas vidas diárias.

O povo berbere – especialmente as mulheres – vem aplicando tatuagens em seus corpos há milhares de anos, muito antes do surgimento do Islã. Mais comumente vistas no rosto, marcando o queixo, as bochechas e a testa, as tatuagens também podem ser aplicadas nos braços, pernas, seios, costas, coxas e triângulo púbico. Existe um equívoco moderno de que as tatuagens eram aplicadas nos rostos das mulheres para torná-las pouco atraentes para os soldados invasores no século 19, mas a prática é muito anterior a essa ideia. Um escritor da Al Jazeera, Yasmin Bendaas, relata a tradição: "As tatuagens eram consideradas intensificadoras da beleza quando aplicadas ao rosto e tinham fins terapêuticos e curativos – particularmente relacionados à fertilidade – quando encontradas em outras partes do corpo, como acima do tornozelo ou no dorso da mão. Para os homens, as tatuagens tradicionais eram muito menos ornamentais e serviam a propósitos de cura"[12]. As tatuagens podem denotar tribo, linhagem e posição, bem como carregar símbolos de proteção, força, fertilidade e sorte. Bendaas também observa que "esses símbolos representam uma preservação mais geral, não só das mulheres, mas também da terra. Com tatuagens contendo representações literais da natureza, como perdizes, gazelas e

---

11. Margaret Courtney-Clarke (fotógrafa), com ensaios de Geraldine Brooks, *Imazighen: The Vanishing Traditions of Berber Women* (New York: Clarkson Potter Publishers, 1996), 78.

12. Yasmin Bendaas, *Algeria's Tattoos: Myths and Truths*, Al Jazeera, 11 de agosto de 2013, www.aljazeera.com/indepth/features/2013/08/201386134439936719.html.

camelos, os laços com o meio ambiente são abundantes." Infelizmente, como o Islã proíbe a prática da tatuagem, essa maneira das mulheres se marcarem caiu em desuso, mas ainda existe nos dias de hoje.

O que é especialmente interessante é que, embora existam alguns símbolos berberes que definitivamente se assemelham ao que deveriam significar, muitos deles são incrivelmente abstratos – a ponto de, se não fossemos capazes de falar com as pessoas reais que os fazem, ficaríamos igualmente perdidos sobre seu significado como ficamos a respeito daqueles primeiros sinais nas cavernas. Eles também parecem muito simplistas, com suas combinações de pontos, triângulos, marcas de cruz e divisas; mais uma vez estamos olhando para um sistema muito sofisticado e artístico. Só porque um motivo pode ter suas raízes nos aspectos diários da vida – pentes de cabelo, lâmpadas, peixes, cobras, grãos e insetos, por exemplo – não limita seu significado apenas a essa relação óbvia. Os pássaros podem simbolizar a liberdade e viagens, sementes e plantas geralmente dizem respeito à fertilidade e à prosperidade, e ferramentas como âncoras e foices são frequentemente usadas para proteção.

Como o povo berbere cobre uma região tão grande, alguns símbolos definitivamente variam em estilo e significado de tribo para tribo. Outra explicação para as diferenças, bem como o nível de abstração, provavelmente tem a ver com o quanto o Islã foi integrado a essa tribo. Em grupos que estiveram mais isolados do Islã moderno, as marcas costumam ser mais reconhecidas como plantas, animais, ferramentas e corpos celestes. Esse tipo de arte fala às raízes politeístas e animistas do povo. As pessoas não têm vergonha de se conectar com a sacralidade da terra e do céu, as plantas e os animais. Os símbolos representam e evocam essa conexão por meio de tatuagens, adornos e utensílios domésticos. Acredita-se que os temas carreguem as bênçãos e as energias das coisas que representam.

Uma Matriz de Símbolos Berbere

Tatuagens Berberes

Em contraste, nas cidades e áreas onde o Islã é a lei, as marcas evoluíram para se tornarem mais abstratas e vista mais como elementos de desenho. Ainda há um tom de conexão, mas foi modificado para funcionar dentro dos limites da nova religião. O significado ainda pode estar lá, mesmo que a imagem representacional não esteja. Novamente, vemos a evolução dos símbolos em ação em culturas vivas, mudando com as pessoas modernas que aplicam e desenvolvem esses símbolos com o tempo.

Portal do divino

Se viajarmos para o Sul, saindo de Marrocos e da Argélia para o Saara Ocidental, Mali e Níger, vamos nos encontrar ao longo das rotas de comércio dos berberes, conhecidos como tuaregues, um povo que se identifica por suas roupas de cor azul e incríveis habilidades com metal, evidenciadas em seus amuletos e talismãs. É possível que, devido ao desejo por mais materiais para a fabricação de joias, eles tenham estendido seu comércio ainda mais para o coração da África Central, do Congo e até mesmo para o Leste como a Etiópia.

Os nativos dessas áreas são bem conhecidos por seu próprio tipo de arte de simbolismo distinto, como *nsibidi*, uma escrita ideográfica usada pelos povos ekoi, efik e igbo para desenhos nas paredes, escudos, espadas, tatuagens e muito mais. Depois, temos o povo congo, conhecido por suas incríveis máscaras esculpidas e estátuas *nkisi* (sagradas) para venerar os ancestrais, espíritos e guardiões de locais. Quando olhamos para alguns dos desenhos e marcações encontrados nos icônicos amuletos tuaregues, há uma sensação de que os artesãos foram (e são) provavelmente inspirados pelas artes dessas regiões. A joia é uma mistura de símbolos e arte berbere com a estética de *nsibidi*, os desenhos mergulhados em uma consciência de comunhão com os espíritos.

No entanto, embora os tuaregues possam ter encontrado inspiração para adicionar aos seus próprios projetos, vamos deixar para trás o continente da África e nos dirigir ao Novo Mundo para ver os símbolos nascidos da diáspora: os símbolos religiosos conhecidos como *vevés*. A combinação dos *nsibidi* com as artes e crenças do povo congo parece ser a raiz exportada desta tradição de marca poderosa que nasce nas condições mais adversas. Embora as origens de vevés sejam difíceis de rastrear, observando as semelhanças entre *vevés*, marcações *nsibidi* e práticas espirituais do Congo, é provável que eles tenham vindo para as Américas com pessoas que foram tiradas dessas regiões e vendidas para o tráfico de escravos. Longe do cristianismo forçado, famílias desfeitas, tribos dilaceradas condições de vida cruéis e com a infusão de práticas indígenas, a religião do *vodu* e a prática dos *vevés* emergiram.

Um *vevé* é o símbolo do *vodu* dedicado a um *loa* (espírito) que é desenhado no chão em um contexto ritual para trazer o espírito fisicamente para o espaço. Não é um sigilo no contexto da maneira que certos sigilos são usados em magia cerimonial para comandar um demônio, *djinn* ou entidade espiritual semelhante. Ao invés disso, o vevé é um portal de manifestação para o *loa*, um ato de reverência, boas-vindas e devoção. Também não existe um design "apenas" exato de vevé para qualquer *loa*, mas tende a haver um elemento de base ou tema associado a esse espírito acentuado com marcações adicionais que variam de casa para casa.

Um pouco semelhante às pinturas de chão aborígines usadas durante o ritual, o vevé, desenhado no chão, deve ser temporário – geralmente feito com um pó (fubá, cinzas e outros ingredientes). Vevés podem ser construídos de outras maneiras (obras de arte, tapeçarias, bandeiras, etc.) para práticas devocionais não rituais. Outra coisa a se considerar sobre a natureza fugaz do vevé desenhado e sua história: se você é forçado a uma situação em que é ilegal ou mesmo punível com a morte praticar sua religião, mas se recusa a se submeter, é muito vantajoso poder retratar entidades divinas em um desenho que pode ser rapidamente apagado a qualquer momento. Esse é o poder do símbolo e da crença.

A natureza temporária dos vevés no ritual também é uma maneira de garantir que a porta para o outro mundo também esteja devidamente fechada depois que tudo for feito. Dessa forma, ninguém ficará no portal além do tempo esperado. A natureza do vevé e sua conexão com um portal ou símbolo devocional é vital para o entendimento. É mais do que um design bonito – é um ato sagrado.

Uma Variedade de Vevés

É importante lembrar que o vodu é uma prática viva que respira, assim como os aborígenes e berberes ainda estão criando novas artes e símbolos. Nada está sob uma lente ou preso sob um alfinete como um espécime. Vevés não devem ser copiados com o objetivo de parecer legais, mas deve ser compreendidos e respeitados no contexto de símbolos e cultura em evolução. O que podemos aprender com o uso de vevés é que os símbolos podem ser usados para se comunicar com as forças divinas e criados em atos de devoção.

Também podemos notar o efeito, o significado e o poder por trás da criação de uma marca temporária e permanente, bem como seu uso em ambientes privados e públicos.

A intemporalidade da marca

Do outro lado do espectro, vamos considerar os sinais e símbolos que geralmente são feitos em segredo, mas que se destinam a desafiar a autoridade de maneiras sutis ou flagrantes – muitas vezes com a finalidade de deixar marcas permanentes, para desgosto de muitos. Essa técnica de marcação é conhecida como *grafite*.

Graffiti (singular: *graffito* – em português "grafite") é uma palavra italiana que significa "inscrição ou desenho inciso", portanto, pode se referir a qualquer tipo de desenho ou mensagem esculpida. O grafite, no entanto, passou a ser, com muita frequência, equiparado a marcações anônimas não autorizadas – esculpidas, desenhadas ou pintadas – feitas em superfícies.

O grafite é um tipo de arte feita em desafio ao que é esperado ou permitido. É um fenômeno mundial, a arte simbólica dos desprivilegiados e marginalizados, os da contracultura. A *marcação* (repetir um desenho, nome ou mensagem em vários lugares) é uma maneira de demarcar território e disparar identidade, uma forma de dizer ao mundo: "Ei, eu existo aqui também, mesmo que você se recuse a me ver". É comumente vista como vandalismo ao invés de arte, uma vez que tende a ser feita nos lugares e propriedades de terceiros, embora seja injusto dizer que os grafiteiros se deleitam em profanar ou destruir a propriedade de seus vizinhos. A maioria dos grafites é encontrada em coisas que poderiam ser consideradas espaços liminares: paredes de becos, passagens subterrâneas, vagões ferroviários e prédios abandonados. Aparece em espaços semicomunitários, como parques, paredes de metrô e portas de banheiro. Seja em palavras ou imagens, o grafite é uma mensagem do criador para o mundo, com o objetivo de se comunicar com ele em geral.

Foto de um Grafite na Grécia

O que é especialmente interessante sobre o grafite é que um desenho raramente é feito apenas uma vez. Um determinado símbolo ou mensagem pode ser repetido várias vezes, podendo ser constantemente reaplicado após sua remoção e/ou duplicado em vários locais. Esse tipo de marcação pode marcar um intervalo específico de território para um grupo, designar um local de reunião ou solicitar uma resposta de outras pessoas.

Membros de várias sociedades secretas, grupos clandestinos e gangues também usaram grafite para se conectar uns com os outros. Alinhar os locais com marcações repetitivas pode, às vezes, criar uma imagem maior, uma constelação, um mapa ou uma mensagem que o artista deseja tornar sutilmente conhecida. Existe até um desenho muito moderno chamado Linking Sigil *(Sigilo de Conexão)*, (também conhecido como LS ou Ellis) que foi projetado no início dos anos 2000 para os praticantes de magia marcar locais de poder e conectá-los para estimular a mudança na sociedade em geral.[13]

Instalações de grafite de guerrilha são feitas com frequência por artistas que buscam fazer declarações sociais ou políticas ruidosas ou transformar a face de edifícios em cidades destruídas e em paisagens devastadas pela guerra.

Eles pedem ao espectador para questionar sua realidade, autoridade e padrões sociais. O poder está na capacidade de fazer uma obra de grafite aparecer da noite para o dia e aceitar que possa ser destruída logo após sua fabricação, embora em muitas cidades em todo o mundo, grafiteiros estejam agora sendo contratados para trazer propositalmente sua arte para as massas em espaços públicos. Ficam aí as seguintes perguntas: o grafite feito com permissão ainda é revolucionário? Ser sancionado tira seu poder? Ou essa nova forma de grafite sancionada se torna outra coisa – uma forma de arte transformacional? Esses questionamentos certamente são desafios interessantes para o grafiteiro considerar.

Como o grafite é encontrado em todo o mundo e tem sido feito por séculos, esse é outro ponto de conexão para a necessidade humana de fazer sinais e símbolos. O grafite também fala sobre o poder e a emoção de fazer arte inesperada e fora dos limites, criando mensagens ocultas à vista de todos, símbolos repetitivos e ainda tem o poder de

13. Para mais informações sobre o *Linking Sigil*, consulte Assault on Reality, www.dkmu.org

despertar o subliminar, o subversivo e o ousado. Tudo isso é muito relevante para se manter em mente quando discutimos a criação de sigilos: com quem estamos falando? Qual é a nossa mensagem?

Origem do símbolo

Existem muitos outros sistemas de símbolos em todo o mundo (dos antigos aos modernos) não mencionados aqui. Para cobrir todos eles, seria necessário um livro inteiro, não apenas um capítulo. Em vez disso, espero que por meio dos sistemas aqui abordados você esteja percebendo a semelhança das marcações, a variedade de usos e a natureza fluente de seus significados. Culturas há seculos de distância ou a milhares de quilômetros podem criar símbolos de aparência semelhante, com significados quase idênticos – ou muito diferentes. É imperativo considerar o contexto cultural e a aplicação para compreender totalmente a natureza e o significado das marcas e sinais que vemos no mundo. O desafio que apresento a você é considerar profundamente quais significados pode encontrar nos símbolos e como fazer seus próprios sinais.

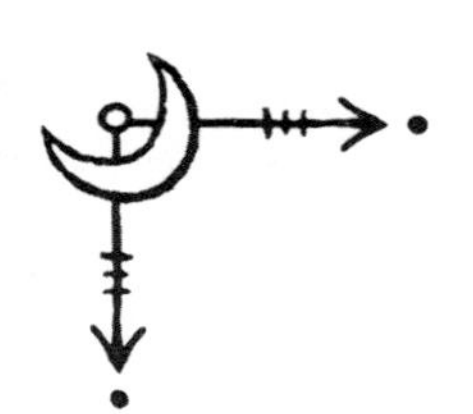

Capítulo 2

O Significado da Marca

Seu nome é uma coleção de letras que compõem as palavras que o identificam: nome, sobrenome, talvez um ou dois nomes do meio ou um apelido. Pode ser o nome com o qual nasceu, ou que lhe foi dado, ou que você adicionou, alterou ou escolheu para si mesmo. Esta é a formação de palavras pelas quais os outros chamam você e pela qual o consultório médico ou a escola, por exemplo, o identificam, e é assim que o governo o classifica. Mas qual é o símbolo dessas palavras, aquele que o identifica? É aquilo que você criou e elaborou ao longo do tempo, desde que segurou um lápis pela primeira vez: sua assinatura.

Desde o momento em que comecei a trabalhar no varejo, no início da adolescência, até agora, quando anoto as vendas de mostras de arte em meu tablet, percebi que a maioria das assinaturas das pessoas é algum tipo de rabisco. As palavras e suas letras individuais costumam ser quase indecifráveis. É mais provável que as pessoas deixem um redemoinho solto ou agrupamento semelhante de linhas, criando formas ao invés de letras reconhecíveis, a ponto da assinatura se tornar mais uma ideia do nome - de você - do que uma palavra. O poder desse símbolo para o mundo é que você está reconhecendo uma transação ou mudança de algum tipo ao aplicá-la. O significado da sua assinatura é sua aceitação, aprovação ou endosso de uma ideia. Esse é o significado encontrado naquela marca.

Sua assinatura também significa que você sabe como manusear uma caneta ou uma *stylus* (caneta digital) ou usar o dedo para desenhar símbolos. Se você pode desenvolver e desenhar sua própria assinatura, então pode criar e fazer sigilos! Neste capítulo vamos explorar como podemos relacionar palavras com símbolos e em seguida criar o nosso próprio sistema de marcas inculcado com o nosso próprio significado.

O simbolismo que vive nas linhas

Um único símbolo pode ter muitos significados – que podem mudar e evoluir com o tempo e diferir de cultura para cultura. Se considerarmos a teoria de que a humanidade começou em um determinado lugar, é possível que tenhamos criado um conjunto de sinais e símbolos primeiro. Então, à medida que migramos e avançamos para o mundo, é natural que essas marcas evoluam com o tempo. À medida que nossos ancestrais encontraram novas paisagens, climas e animais, o vocabulário dos símbolos cresceu e mudou. Também é aconselhável ter em mente que as informações passam e mudam de geração em geração por uma infinidade de razões.

Essas diferenças afetam como cada cultura vê e interpreta o mundo. Alguns símbolos caem em desuso e são esquecidos, os atuais são alterados para atender às necessidades de cada um e novas marcas são criadas.

É importante manter toda essa história em mente ao observar quais elementos você usará para fazer seus sigilos. Vou lhe apresentar muitas das marcas e formas que uso na criação de meus sigilos e você provavelmente vai achar muitos deles familiares. Alguns deles pode nunca ter sido considerado como tendo um significado, já outros você pode descobrir que tem suas próprias interpretações, diferentes das minhas. Certamente também existem outras formas e símbolos, não listados aqui, que você pode se sentir inclinado a usar em seus sigilos. Meu trabalho é duplo: expor você a novas maneiras de olhar para pontos, linhas, marcas e símbolos e ajudá-lo a pensar sobre o que lhe é importante e significativo.

Para cada marca ou forma, deixei espaço para anotações. Sinta-se à vontade para escrever sua reação instintiva a cada item à medida que o examinamos. Vamos começar examinando as marcas mais básicas e suas formas. Em seguida, consideraremos alguns sinais mais complexos, símbolos estabelecidos, letras e outros sistemas pictóricos para o seu vocabulário. E exploraremos, também, como os números, bem como as cores, entram em jogo ao projetar sigilos. Seus sigilos podem ser cada vez mais complexos ou pode optar pelo desenho mais simples possível. O que mais importa é responder a esta pergunta: o que funciona melhor para você?

Formas e sinais básicos

Vamos começar com as marcas e formas mais simples e construir nosso caminho até os sinais mais complexos. Para cada elemento, incluí um nome, uma ilustração e uma sugestão de seu significado, bem como possíveis aplicações para ele, dependendo do contexto e da composição. Lembre-se de que há muito poder e significado a ser encontrado nas marcas mais básicas, então não se apresse ou ignore-as para chegar às mais complicadas.

Há muito mais símbolos que podem sem usados além dos que listei aqui – esses são os que considero os mais comuns e universais no uso. Caso queira prosseguir com uma exploração mais profunda dos símbolos, forneci uma lista de livros excelentes na seção “Bibliografia e Sugestões para Futuras Pesquisas”.

●

Ponto Fechado: uma marca simples, mas que pode conter muitos significados. O ponto, ou ponto fechado, é literalmente o início de todas as marcas que fazemos. Pode ser uma mônada, uma semente, uma marca central ou um átomo – a representação da própria energia. Pode ser um ponto de origem, onde tudo começa, ou um ponto de destino, onde algo termina. Pode representar uma parada ao longo do caminho, um local de descanso – considere o que o ponto final significa no final de uma frase. Pode ser agrupado com outros pontos para significar um número, marcar uma constelação, mostrar um rastro ligeiramente definido ou criar a sensação de uma aura de energia.

____

____

____

____

○

Ponto Aberto: não muito maior em tamanho do que o ponto fechado, o ponto aberto é um pequeno círculo vazio. Pode ser visto como um ponto a ser alcançado, uma semente, o menor recipiente possível, o núcleo de uma célula ou átomo. Este símbolo fala de possibilidades, opções a serem definidas e escolhas a serem feitas.

____

____

____

____

Círculo: maior que o ponto aberto é o círculo. Um círculo pode ser simplesmente um recipiente que pode simbolizar proteção – criando um espaço sagrado dentro dele – ou pode ser um suporte para impedir que algo saia. O círculo pode representar totalidade, completude, sacralidade, pureza ou potencial. Ou pode ser uma esfera, representando o Sol ou a fase cheia da Lua. Pode também representar a divindade, como em um Deus ou espírito, ou a fonte de conhecimento e comandos, referenciando o cérebro ou o núcleo. Variações de círculo: com uma divisão para representar o Ouroboros ou com uma linha cruzada para indicar "proibido" ou "pare".

Linha Horizontal: viajando de Leste para Oeste, a linha horizontal pode representar o solo, a linha de base, a fundação ou o próprio horizonte. Também pode ser a divisão do meio – marcando a diferença entre acima e abaixo, agindo como uma fronteira. Ou, ainda pode delinear uma etapa ou um obstáculo a ser superado. Como uma linha curta, pode ser o conceito de menos (para subtrair ou remover). Duas linhas horizontais paralelas curtas podem mostrar o sinal para igualdade ou demarcar igualdade. Linhas paralelas estendidas podem representar um canal, via, rampa ou estrada.

Linha Vertical: é a linha que viaja Norte-Sul, conectando acima e abaixo ou o céu e a terra, ou formando uma fronteira entre os espaços esquerdo e direito. Pode representar um falo (ereto ou em repouso), uma árvore, uma torre ou um elevador. Agrupadas, as linhas verticais podem simbolizar paredes, pilares ou marcas de entalhe (especialmente quando cruzadas com uma linha diagonal).

Linha Pontilhada ou Tracejada: uma linha pontilhada (linha feita de pontos separados) tende a ter uma sensação mais fantasiosa – o caminho de um animal fazendo seu trabalho, como uma abelha zumbindo de flor em flor, um esquilo coletando nozes ou uma criança brincando. Uma linha tracejada (linha composta de símbolos negativos) tende a ter mais uma sensação de foco intencional ou uma trajetória planejada. Pense nas linhas marcadas em uma rodovia ou estrada. Os espaços e padrões indicam quando é seguro passar, virar ou deixar sua pista. Qualquer tipo de linha pode ser usado para conectar pontos ou indicar uma sensação de movimento.

Linha Diagonal: uma linha dinâmica, representando a energia em movimento de forma crescente ou decrescente. Também pode ser o caminho de algo subindo ou descendo. A severidade do ângulo afetará a sensação de quão rápido ou lentamente algo está se movendo. A linha diagonal pode falar de desafios a superar ou deslizar suavemente para baixo.

___

___

___

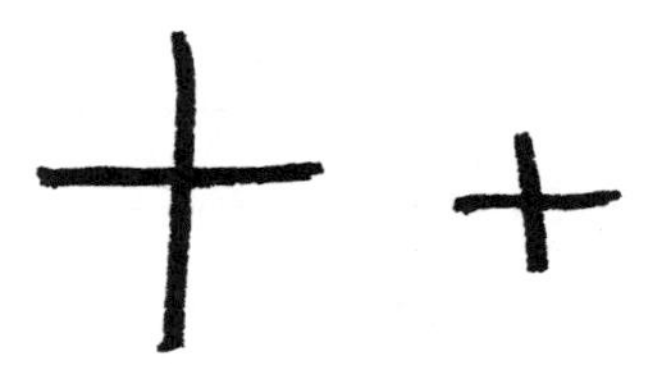

Cruz: uma intersecção perpendicular de uma linha horizontal e uma linha vertical, de maneira simples, a cruz é um ponto de encontro ou uma encruzilhada, onde duas ideias diferentes interagem. Em termos matemáticos, uma pequena cruz é um sinal de mais (adição). Na ciência, é o símbolo de um próton ou íon positivo, marcando a energia. A igualdade de extensão dos "braços" da cruz representa equilíbrio.

___

___

___

___

Divisa: marca em forma de V, as divisas são mais comumente reconhecidas como os símbolos "maior que" e "menor que", quando apontam para Leste ou Oeste – e como botões "para cima" e "para baixo" quando apontam para Norte ou Sul, bem como uma montanha ou vale. Por apresentarem convergência de linhas, podem ser usados para capturar ou dissipar energia. Outra maneira de pensar nas divisas é que elas são "bocas abertas", como um crocodilo abrindo bem as mandíbulas para consumir algo. As divisas se combinam com outras formas para formar muitos símbolos influentes, como triângulos, estrelas e setas. Uma divisa representa também o numeral romano cinco (consulte a seção "Números" posteriormente neste capítulo).

X: semelhante à cruz, o X é uma interseção de linhas diagonais, o que torna a energia mais dinâmica/ativa. Em mapas e mitos, o X geralmente marca o local. Na matemática básica, o X pode ser um símbolo de multiplicação, enquanto na álgebra é frequentemente a variável ou o valor desconhecido na equação que estamos tentando resolver. Também usado para marcar um lugar para uma assinatura ou para substituir uma. Na mesma linha, o X (agora mais comumente o XOXO)[14] –tem sido usado para significar um beijo – como no amor, ou uma declaração de verdade ou lealdade. No entanto, pode marcar também algo que é proibido ou não autorizado, bem como um perigo – pense no *moonshine jug* ("jarro de luar", em tradução livre) estereotipado com três xis inscritos nele. É também o numeral romano que representa o número dez (consulte a seção "Números" mais adiante neste capítulo).

____

____

____

____

14. N.T: gíria do idioma inglês muito usado nas redes sociais para representar "beijos e abraços" ao final de um post ou mensagem.

Seta: uma seta é simplesmente uma linha com uma divisa em uma extremidade. A outra extremidade pode ser desmarcada (para energia contínua), terminar em um ponto (marca de origem) ou uma divisa paralela (enfatizando a direção da primeira divisa), ou encontrar uma linha perpendicular em sua base (fundação). Uma flecha também pode ter divisas opostas em cada ponto final voltadas para fora, representando a energia disparando em duas direções ou uma escolha de direção. Quando as divisas apontam para dentro em direção à linha, a seta fica enraizada. Vertical e emparelhada com duas divisas voltadas para dentro, a flecha pode representar uma árvore, com os galhos estendendo-se para cima e as raízes descendo para o solo. Posicionada horizontal ou diagonalmente, essa mesma flecha se torna evocativa como uma língua de cobra, testando o ar a seu redor.

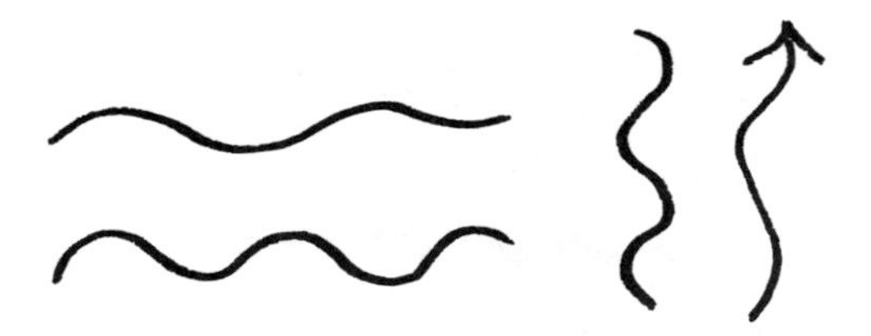

Linha Ondulada: esta linha dá uma sensação de movimento fluido. Posicionada horizontalmente, pode representar água (riachos, rios, ondas), fluidez, colinas onduladas, flexibilidade, cobras ou movimento semelhante a uma cobra (especialmente com uma ponta em forma de divisa apontando para dentro) e vibrações. Na posição vertical, pode simbolizar raios de luz, divindade, serenidade e vinhas (crescimento). Ondulada também pode ser uma linha, como a da tecelagem, costura ou uma teia de aranha. O sentido geral de uma linha ondulada é mudança e transformação.

___

___

___

___

Linha em Ziguezague: semelhante à ondulada, porém a linha em ziguezague tem um traçado mais nítido, que cria um fluxo de energia diferente e mais dinâmico – como estático *versus* zumbido. É essencialmente constituído por divisas ligadas lateralmente, dando uma sensação de oposição. Pode representar a energia da cobra, raios de luz ou o toque divino, como os relâmpagos. Os ziguezagues também representam terreno rochoso ou acidentado, como uma cordilheira ou um oceano agitado, indicando uma área perigosa a ser superada.

____

____

____

____

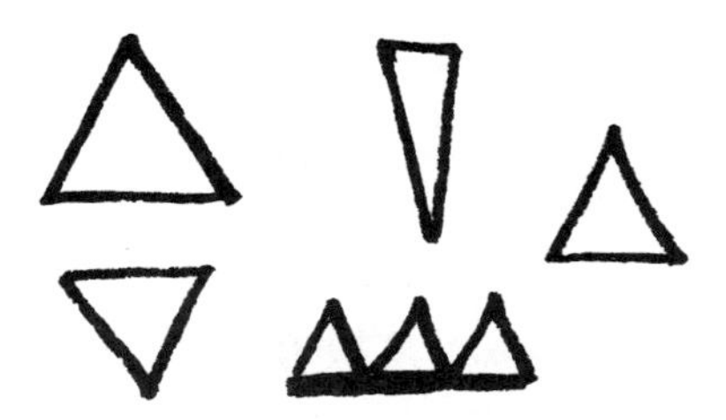

Triângulo: o triângulo é uma divisa fechada ou, mais simplesmente, uma forma contida composta por três ângulos. Pode ser igual em todos os lados ou desigual. Mais comumente associamos o triângulo à pirâmide ou à montanha, representando um pináculo ou sensação de iluminação e sabedoria. O triângulo também pode representar um dente ou espinho. Quanto mais compridos são os dois lados (pares ou não), mais o triângulo se torna como uma adaga, seta ou ponta de lança. Todas essas coisas afiadas e pontiagudas dão uma sensação de aviso ou de perigo, de serem ferozes, armados, poderosos ou altamente protegidos. O triângulo também pode ser como uma vela ou uma ponta de seta, dando um sentido de direção ou orientação.

____

____

____

____

Quadrado: dois conjuntos de linhas paralelas que se sobrepõem para formar uma caixa de lados iguais formam o quadrado, que pode ser um contêiner de retenção ou pode se referir à reserva de um território ou área específica a ser protegida. O quadrado pode definir limites de influências externas ou restringir o que está dentro dele. A caixa pode ser um tijolo ou bloco de construção, para significar estrutura e fundação. Ou pode conter mistério ou segredos, como a Caixa de Pandora.

____

____

____

____

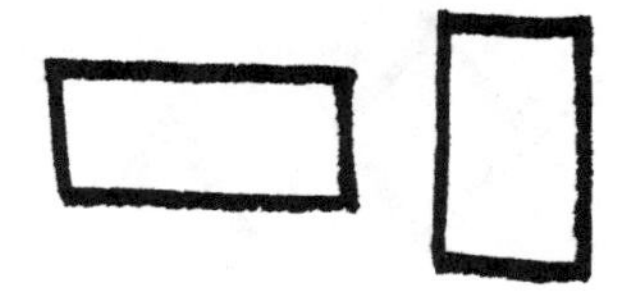

Retângulo: com propriedades semelhantes às do quadrado, sua principal variação é que seus dois conjuntos de lados não são iguais – um conjunto será mais longo. Se as duas linhas horizontais forem mais longas, pode representar um caixão (morte ou regeneração), uma cama (descanso, sono, potencial oculto de crescimento) ou dinheiro (como uma nota). Se as linhas verticais forem mais longas, pode ser um prédio ou uma torre, um documento ou um contrato, um livro ou uma porta.

___

___

___

___

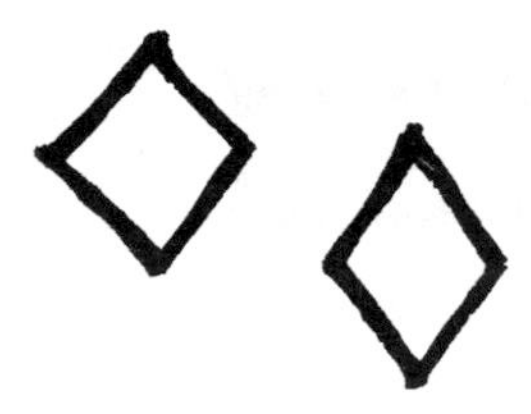

Diamante: normalmente o diamante é um quadrado definido em uma de suas pontas em vez de repousar de lado, ou duas divisas (ou triângulos) combinando extremidade com extremidade. A rotação torna imediatamente a forma mais dinâmica e sugere uma encruzilhada oculta em seu centro, podendo representar prestígio, um objetivo, um escudo ou um foco financeiro. O diamante também pode ser interpretado como uma *yoni*, significando o útero ou representando uma forma feminina inteira. Também pode ser uma fonte de luz ou a refração da luz para aumentar o poder de outra coisa.

____

____

____

____

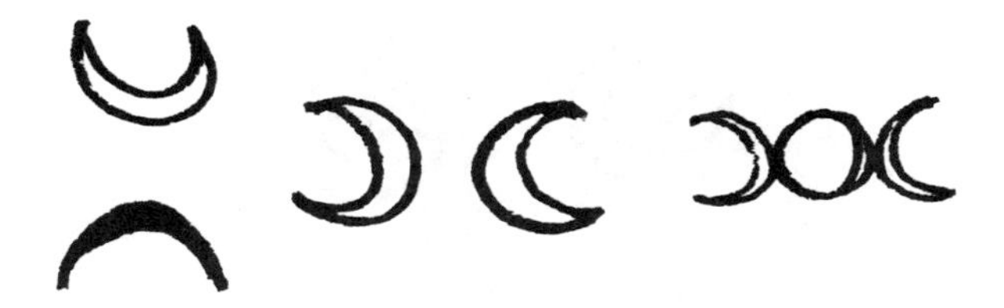

Crescente: um crescente é essencialmente um semicírculo, quer você faça uma forma fechada quer o desenhe com uma única linha curva. Crescentes são mais comumente associados à energia lunar, especialmente as fases crescente e minguante da Lua. Também podem representar energia divina (um Deus ou Deusa). O significado de um crescente pode mudar dependendo da direção em que está voltado:

- *Crescente crescendo*: voltado para Oeste ou à esquerda – aumento de energia, construção, crescimento, juventude, começos.
- *Crescente declinando*: voltado para o Leste ou à direita – diminuição de energia, desaparecimento, partidas, envelhecimento, cortes(foice), términos.
- *Crescente voltado para cima*: voltado para o Norte – uma cesta para coletar energia, chifres ou galhos, uma coroa, sorte (como em uma ferradura vertical).
- *Crescente voltado para baixo*: voltado para o Sul – drena, ultrapassa ou protege a energia, ou a equilibra quando emparelhado com o crescente voltado para cima.

Espiral: todo mundo adora uma espiral! É a forma da vida e como as coisas crescem – desde a hélice do DNA, brotos de samambaia e caracóis, até furacões e espirais de galáxias. É importante notar que uma espiral pode ser desenhada de fora, movendo-se para o centro ou de um ponto central movendo-se para fora. A espiral simboliza a inspiração e a jornada mítica – movendo-se em direção ao centro e também para longe dele, como acontece com labirintos e as cavidades do ouvido. A cauda da espiral pode ser virada para qualquer direção, o que pode influenciar como ela flui em seu sigilo e pode ser tampada com uma divisa – apontando para direcionar a energia para fora da espiral, ou apontando para puxar a energia para dentro. Podemos ver a espiral modificada como energeticamente lenta, como um caracol, ou rápida, como uma cobra enrolada prestes a saltar. As espirais também podem ser usadas para estender a energia de outro símbolo.

____

____

____

____

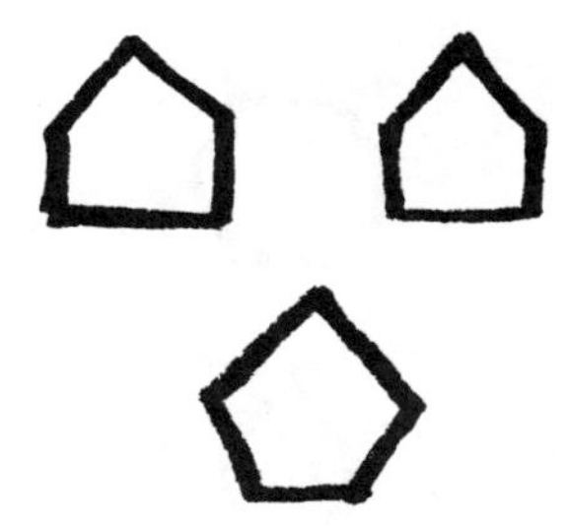

Pentágono: o pentágono regular é uma forma fechada de cinco lados iguais e ângulos internos de 108 graus cada. Pode ser visto como um símbolo de poder e de proteção, uma reminiscência de um escudo e uma estratégia defensiva. Também é comumente encontrado na natureza – em frutas, flores e na vida marinha. Uma maneira fácil de criar um pentágono é desenhar uma estrela de cinco pontas (veja "Pentagrama") e conectar as pontas ao longo da parte externa da estrela.

___

___

___

___

Hexágono: um hexágono regular é uma forma fechada de seis lados iguais. Como a espiral e o pentágono, ele pode ser encontrado na natureza, principalmente no favo de mel de uma colmeia. O hexágono pode representar uma tribo, uma unidade ou ser parte de um grupo ou do coletivo. Pode também representar a doçura (mel) ou um lugar para armazenar ou manter algo e ser laborioso.

___

___

___

___

Outros polígonos: se estiver se perguntando sobre pentágonos irregulares, hexágonos ou qualquer outra forma com um prefixo numérico no nome seguido por "gon", eu os incluí aqui. Um polígono é essencialmente uma figura plana com no mínimo três lados retos e ângulos, e que podem ter cinco ou mais lados. Todos os lados e ângulos não precisam ser iguais e você pode ter quantos lados desejar, podendo ser convexos ou côncavos. Na verdade, é muito fácil construir um polígono inadvertidamente enquanto cria um sigilo, depois de colocar formas e linhas em camadas umas sobre as outras. Pode ser um acidente feliz (algo que funciona bem sem planejamento), ou você pode construir deliberadamente certo estilo ou número de polígonos devido à associação com alguma forma ou número. (Consulte a seção "Números" posteriormente neste capítulo para sugestões de significados a serem considerados.)

Estrela: há uma variedade de formas de estrelas articuladas que você pode usar em sigilos. Todas elas coletivamente têm simbolismo celestial, sendo pontos de luz, bolas de energia, algo a ser guiado – o que também traz os conceitos de divindade e soberania. Todas as estrelas feitas por linhas que se cruzam falam de conexão e interconectividade, tornando-as excelentes símbolos de proteção e bênção. (Veja dicas sobre como desenhar estrelas no capítulo 4: Guia para Desenhar.)

- **Pentagrama**: a estrela de cinco pontas é uma das minhas favoritas para usar em sigilos. Os cinco pontos podem representar os cinco elementos (Terra, Ar, Fogo, Água e Espírito) ou o corpo humano (pernas, braços e cabeça). O pentagrama vertical é uma estrela ascendente, enquanto o pentagrama invertido é uma estrela descendente. Quando um pentagrama faz alusão ao corpo humano, existem opiniões conflitantes sobre qual é "masculino" e qual é "feminino". Já ouvi a estrela ascendente ser chamada de masculina, porque o topo é pontudo, como um falo ereto, o que torna a estrela descendente feminina por causa do vale. Mas se você está olhando para ele como um ser humano, o ponto mais alto é a cabeça do corpo, tornando-o feminino. E bem, inversamente, a estrela descendente pode ter um grande falo pendurado, mas não tem uma cabeça. Portanto, é realmente melhor não ficar preso a isso – porque é uma estrela. Não vejo nenhuma direção como negativa ou positiva em termos de bem ou mal; mas simplesmente tipos de energia. Uma estrela ascendente pode significar direção celestial, nascimento e criação de energia. Inversamente, a estrela descendente pode representar a energia movendo-se para o submundo, morte e renascimento. Você também pode desenhá-los apontando para a esquerda/Leste ou direita/Oeste se desejar empurrar a energia nessa direção.

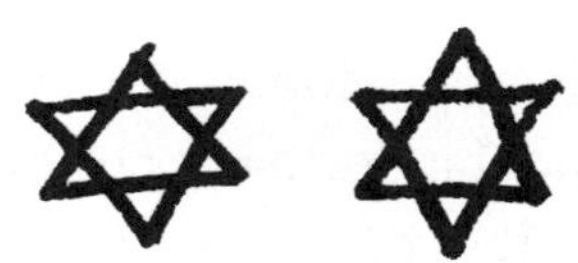

- **Hexagrama:** mais comumente reconhecido como a Estrela de Davi na fé judaica (embora apareça em outras culturas), o hexagrama é formado por dois triângulos equiláteros sobrepostos – ou um hexágono adornado com triângulos menores dispostos em cada um de seus lados. Enquanto o pentagrama tem uma "cabeça" que o dirige, o hexagrama aponta igualmente em todas as direções. É a união perfeita de acima e abaixo, ou à esquerda e à direita, dependendo de como você o desenha. Tem uma sensação de toda estrutura de gênero não binária.

- **Septagrama:** essa estrela de sete pontas está presente em diversas tradições que consideram o número sete como sagrado, desde os Caminhos das Fadas, Alquimia e Thelema, até o Cristianismo e crenças nativas americanas. O septagrama incorpora poder mágico, afasta o mal e pode simbolizar os sete dias da semana, a criação, etc.

- **Asterisco:** o asterisco (*) pode variar na quantidade de pontos que possui, dependendo da fonte e da referência cultural. O mais comum é o de seis pontas, formado por três linhas que se cruzam (uma vertical, mais duas diagonais que formam um X), e o mais densamente compacto de oito pontas, formado por quatro linhas que se cruzam (um conjunto perpendicular e um conjunto X de diagonais). Em teoria, você poderia cruzar quantas linhas quiser; o efeito geral dependerá do tamanho físico da estrela. Como não são formas fechadas como as outras estrelas, os asteriscos são os mais energéticos, explodindo para fora, adicionando uma sensação de brilho ao desenho. Na linguagem, eles chamam a atenção para detalhes e informações adicionais e escondem palavras e letras (como senhas e palavrões). Nesse contexto, simbolizam segredos, privacidade e conhecimento oculto esperando para serem descobertos.

Coração: em termos de corpo, o coração é o órgão pelo qual tudo é filtrado, o núcleo do nosso ser. Nós o associamos ao amor, ao romance, paixão, lealdade, devoção, compaixão e alegria. Um coração inteiro é um coração feliz ou contente, ao passo que um coração cortado ao meio pode estar dividido, quebrado ou reformado. Um coração invertido pode simbolizar tristeza, mas também pode exigir introspecção, aterramento, consideração e uma deferência mais profunda à medida que se torna em forma de pá, para cavar fundo. Duas espirais entrelaçadas na parte inferior e circulando uma em direção à outra para formar um coração aberto significa parceria e relacionamentos em desenvolvimento, bem como opostos se unindo em harmonia e equilíbrio. Dois corações espelhados na ponta significa a união de dois indivíduos como um, com uma sensação de energia infinita circulando entre eles. Três corações unidos na base formam uma sociedade, representando criatividade, ação responsiva ou uma tríade de amantes. Quatro corações unidos de forma semelhante nos dão a forma de um trevo, um símbolo comum de boa sorte e prosperidade.

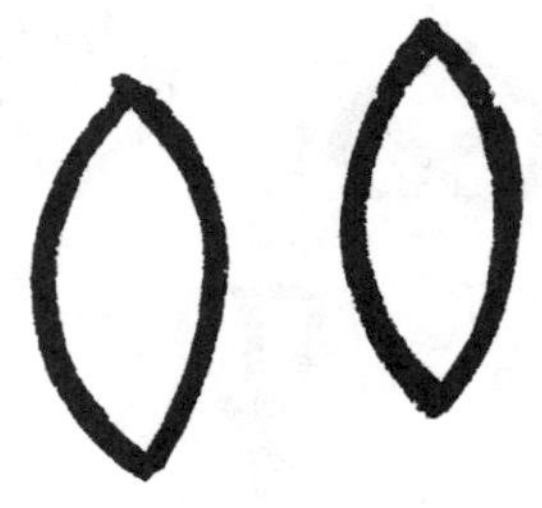

Vesica Piscis ou Mandorla: o oval de duas pontas, ou formato de amêndoa, é a base para vários símbolos significativos. Mais é simplesmente um ovo, uma semente ou uma noz (*mandorla* significa "amêndoa" em italiano). Em muitas pinturas religiosas, uma mandorla emoldura a figura de um santo, espírito ou Deus como um halo, significando sua essência divina. Em termos de corpo, é a *yoni*, invocando a vulva/genitália feminina e, portanto, a porta de entrada e saída da vagina, útero, ovários, etc. A mandorla simboliza a entrada neste mundo, assim como a sexualidade feminina. Referenciando a *vesica piscis*, obtemos a forma de um peixe se adicionarmos um pequeno triângulo apontando para uma das pontas do oval, formando uma cauda. O peixe é frequentemente associado ao cristianismo, mas em outras culturas representa fertilidade, fluidez e o elemento Água.

___

___

___

___

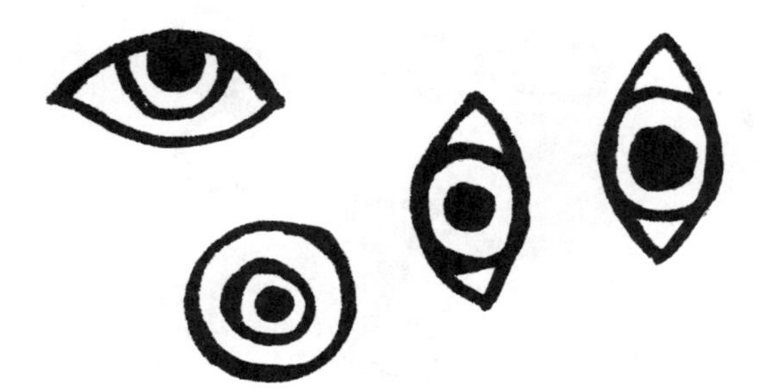

Olho: frequentemente encontrado sobre a forma de mandorla ou às vezes um círculo maior com círculos concêntricos, o olho é um símbolo poderoso. Obviamente, o olho representa a visão física, mas também pode representar o insight psíquico, a sabedoria espiritual e a intuição (o "Terceiro Olho" ou o Olho de Hórus). Nos países que fazem fronteira com o Mar Mediterrâneo, os olhos ainda são pintados nas proas dos navios para trazer orientação e proteção adicionais. Também em toda esta região encontramos encantos feitos com símbolos representando os olhos, usados para afastar o "mau-olhado" – um conceito baseado na crença de que o olhar invejoso de alguém pode prejudicar sua sorte, prosperidade ou fertilidade, mesmo que não seja intencional. O encanto do olho então repele ou reflete aquele olhar, protegendo, cuidando, abençoando e, literalmente, ficando de olho em você. (Existem inúmeros amuletos usados para este propósito, e muitas histórias fantásticas, mas o olho tende a ser o mais reconhecível.)

Infinito e Ampulheta: o número oito, vertical ou horizontal, é o símbolo do infinito – um ciclo fluido de energia, ideal para quando precisar representar estabilidade e movimento. Se você achatar as extremidades arredondadas do oito vertical, ele se tornará uma ampulheta. Portanto, é um símbolo de tempo, limites, restrições, regras, diretrizes e aprendizado de equilíbrio.

___

___

___

___

Rodas e Escudos: sobrepondo um X, linhas perpendiculares ou um asterisco com um círculo aberto, obtêm-se rodas ou escudos. Uma separação de quatro partes pode representar Terra, Ar, Fogo e Água (os Quadrantes) ligados pelo espírito (o Círculo). O X no círculo pode parecer um alvo para atrair ou repelir energia, dependendo do que mais está ao seu redor (daí um escudo). Criar seis ou oito "raios" no centro de um círculo resulta em uma roda para movimento e mudança, ou uma pizza cósmica. (Pense nisso: às vezes, um sigilo tem tudo a ver com obter uma fatia da torta.)

Asas: a razão para adicionar asas a qualquer forma é bastante autoexplicativa: é a adição de uma sensação de voo, rapidez, elevação, leveza e movimento. As asas dão a impressão de que tudo o que está ao redor irá decolar a qualquer momento – e que uma ideia pode voar alto ou surgir de repente. Também podem simbolizar "em memória de" no sentido de asas de anjo. Além disso, os pássaros em muitos mitos guardam memórias (especialmente os corvos), mantêm ou compartilham sabedoria (corujas) ou passam fofocas e notícias (pássaros canoros).

___

___

___

___

Chave e buraco de fechadura: as chaves têm uma rica história simbólica. Podem abrir portas ou trancá-las para manter outras pessoas fora. Elas podem conceder acesso a outro reino e representar sabedoria, maturidade, sucesso e poder. Em termos de propriedade, permitem acesso e conferem propriedade. Inerentemente relacionado à chave está o buraco da fechadura, seu ponto de acesso da chave. É um lugar que está trancado e protegido, ou representa o potencial de algo ser destrancado e revelado. Olhando através dele, podemos dar uma espiada em outro mundo. O par pode assumir conotações sexuais, mais comumente com a chave como ponta e o buraco da fechadura como fenda.

____

____

____

____

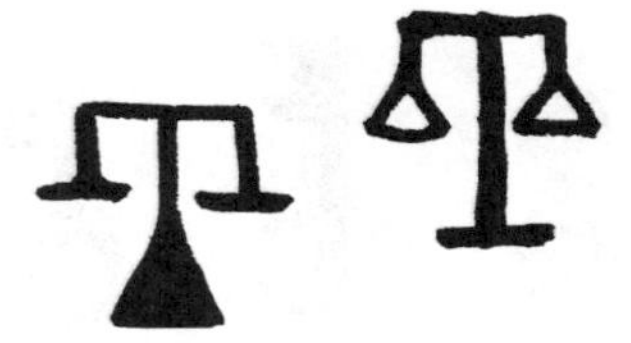

Balanças: artefatos para pesar e encontrar o equilíbrio, com o intuito de determinar o valor ou preço de algo, as balanças também simbolizam justiça e um chamado à ordem. Pense na estátua da Justiça cega segurando sua balança ou na cena do *Livro dos Mortos Egípcio* em que o coração do falecido é pesado contra uma pena para ver se o indivíduo foi uma boa pessoa em vida.

___

___

___

___

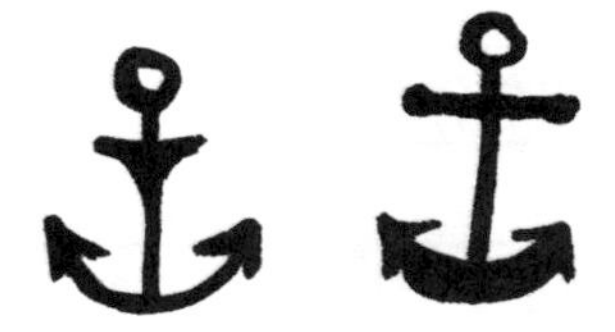

Âncora: a âncora de um barco serve para manter a embarcação no lugar, para evitar que ela flutue ou fique presa na corrente e se perca. Portanto, seu simbolismo inerente é de proteção, segurança, estabilidade, esperança e porto seguro. Uma âncora também pode pesar ou retardar algo.

___

___

___

___

Borboleta: mais comumente representada como símbolo da transformação, devido à sua metamorfose de lagarta para casulo e depois para o seu belo estado adulto, este inseto alado também pode significar felicidade, leveza e capricho. Na teoria do caos, existe um conceito conhecido como "efeito borboleta" – a ideia de que uma ação pequena e aparentemente insignificante pode causar uma reação em cadeia em grande escala.

___

___

___

___

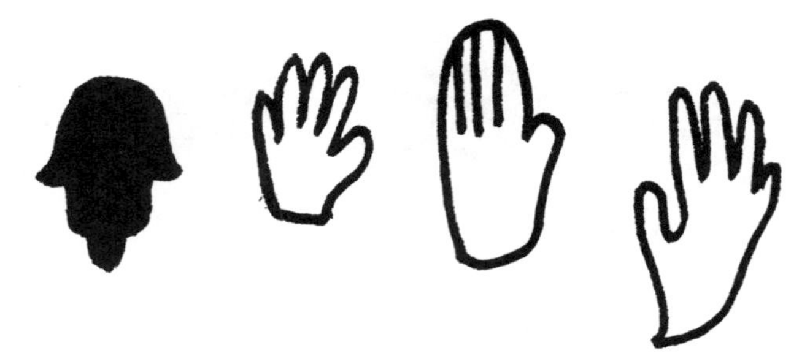

Mão: voltando aos nossos ancestrais das pinturas rupestres, a mão encontra significado em todas as culturas. Há muito reconhecemos sua utilidade e capacidade de transferir energia. Quando eu incorporo uma mão em um sigilo, geralmente é o símbolo estilizado conhecido como *hamsa, khamsa* ou *Mão de Fátima* (ou Maria). Esta é uma forma de palma aberta com os dedos juntos e protege, orienta, abençoa e traz sorte, felicidade e saúde. Outras formas de mão favoritas incluem o *mano cornuta* (sinal de chifres) e o *mano figa* (mão em forma de figa), os quais protegem a pessoa do mau-olhado, mas são mais difíceis de desenhar como um sigilo. É melhor manter os sigilos simples e lineares.

____

____

____

____

Colher: embora certamente haja associações clássicas para a colher, estou mais interessada nela como um importante símbolo moderno para nossa sociedade atual. A teoria da colher é uma metáfora que explica como alguém que vive com uma deficiência ou doença crônica (muitas vezes "invisível" já que sua doença pode não ser visivelmente aparente) tem uma quantidade limitada de energia disponível para as atividades normais da vida diária e outras tarefas. Cada atividade requer certa quantidade de "colheres". Alguém com uma dessas condições e sem colheres deve descansar e recarregar até que suas colheres sejam repostas. Portanto, a colher pode ser uma parte muito importante de um sigilo para alguém que está lutando contra uma doença crônica.

___

___

___

___

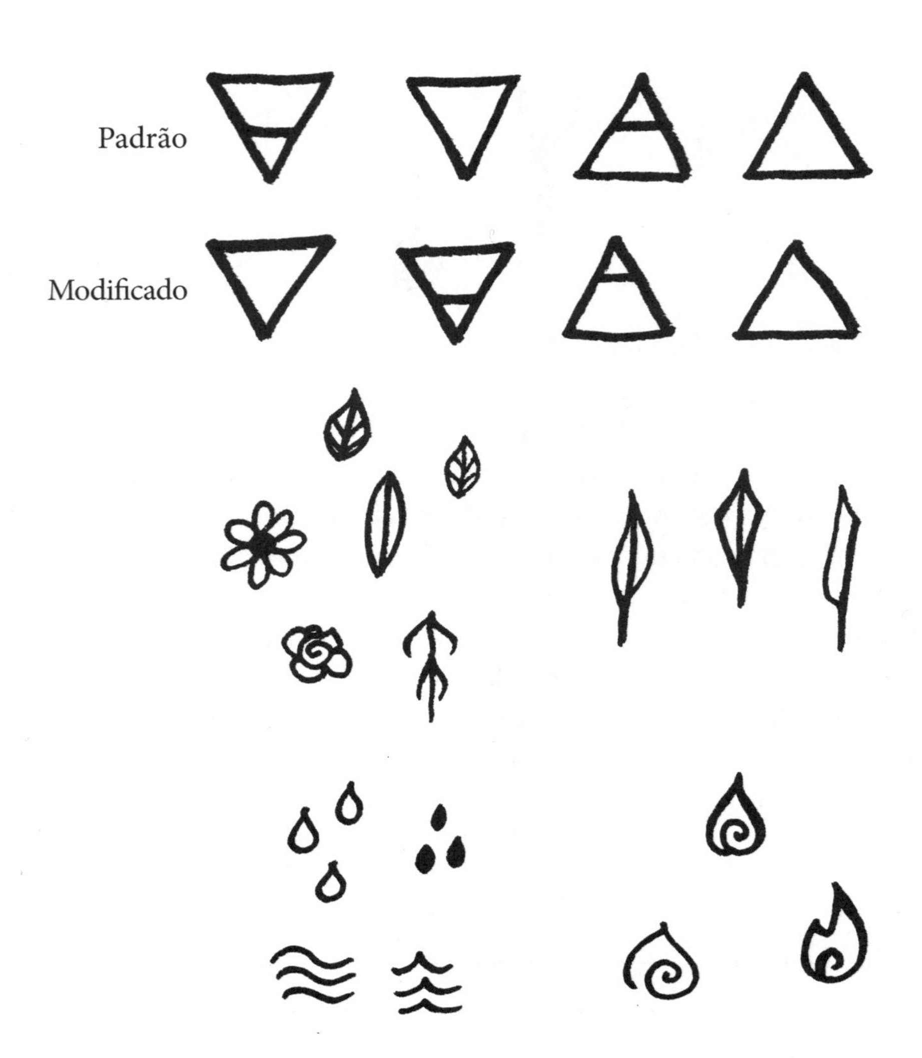
Padrão
Modificado

Elementos

Você pode representar um ou mais elementos em seu sigilo. Duas boas opções são os pictogramas e os símbolos alquímicos. A versão pictográfica é a mais intuitiva, conectando cada elemento com uma forma ou símbolo que você provavelmente já associa. Aqui estão alguns exemplos de pictogramas:

Terra: folha ou flor

Ar: pena ou nuvens

Fogo: chama

Água: gotas ou ondas

As versões alquímicas demoram um pouco mais para se acostumar – todos os elementos são representados por triângulos verticais ou invertidos, com ou sem linhas horizontais neles. Incluí aqui o conjunto tradicional de símbolos (Terra, Água, Ar, Fogo), bem como uma versão modificada que encontrei nos últimos anos, que é quase idêntica à tradicional, com exceção dos elementos Terra e Água estarem trocados. Prefiro assim porque faz um pouco mais de sentido para mim. Por quê? Bem, parece-me que o Ar e a Água, com suas linhas horizontais, mostram sua capacidade de preencher os espaços de maneiras fluidas. O Fogo consome tudo e a Terra é tipicamente sólida, então a falta de linhas reflete sua natureza absoluta.

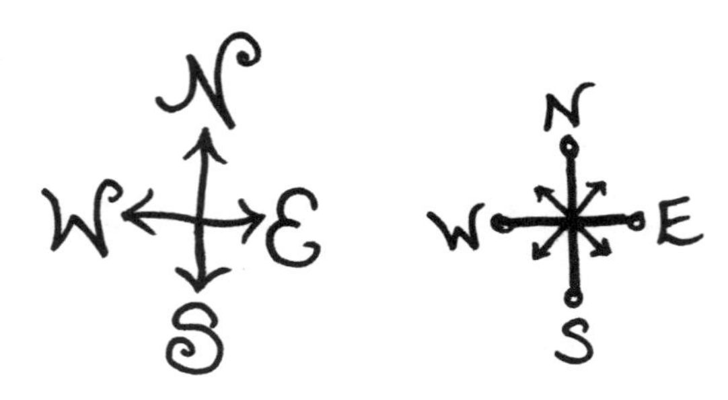

Direções

Pode ser útil referenciar as direções cardeais em seus sigilos. Uma opção é usar uma rosa dos ventos como símbolo para encontrar o propósito ou posicionamento. Ou pode escolher se concentrar em uma direção específica em relação ao movimento físico. Outra maneira de considerar a direção não é em termos de usar uma letra para marcar uma direção (N, S, L, O), mas, sim, como colocar outras marcas em seu sigilo para representar correspondências baseadas na direção. Você precisa de algo para ir para o Leste ou parar no Oeste? Em seguida, use um símbolo (como uma seta ou um X) no local correspondente em seu sigilo para ajudar em seu trabalho. Aqui está uma lista útil de significados que usamos na Tradição Moderna:

Norte: Terra, mas também céu, movimento ascendente, criando raízes para o futuro crescimento em potencial.

Leste: Ar, direita, movendo-se em direção ao futuro, nova direção.

Sul: Fogo, paixão, retorno ao solo/básico, renovação, sensual, sexual.

Oeste: Água, fluidez, ir ao passado ou vir dele, memória, sonho, limpeza, imersão.

Números

Existem várias maneiras de incorporar números em seus sigilos. Listei significados para os números mais comumente usados (de 0 a 12), bem como 13, 21 e 42. Se houver um determinado número que não listei, mas que seja significativo para você – um aniversário, uma idade, etc., use-o por seu significado. Uma maneira é incorporar o próprio número como um símbolo, usando a forma padrão do número ou o algarismo romano (ou qualquer forma que você preferir para desenhar números). Ou você pode usar formas repetidas em um motivo para representar um número, como cinco pontos, uma única estrela ou dez linhas. Além disso, não sinta que precisa desenhar quarenta e duas marcas em uma linha. Você pode ter sete estrelas de seis pontas.

Zero (0): puro, potencial, limpo, possibilidade, vazio, oco.

Um (1, I): começo, solidariedade, único, primo, objetivo, eu próprio.

Dois (2, II): dualidade, pares, equilíbrio, compaixão, igualdade, troca.

Três (3, III): trindade, divino, tridente, doar, bênção, passado/presente/futuro, destino.

Quatro (4, IV): equilíbrio, acomodações, aterramento, fundação, busca de raízes, casa.

Cinco (5, V): ciclos, bênção, proteção, família, orientação.

Seis (6, VI): jornada, movimento, memória, paixão, amor, sorte, 3 + 3.

Sete (7, VII): ativação, ação, sacralidade, força, mistério, sonhos.

Oito (8, VIII): realização, infinito, força, sabedoria, sucesso, riqueza.

Nove (9, IX): porta de entrada para a conclusão, reflexão, introspecção, 3 × 3 e 3 + 3 + 3.

Dez (10, X): conclusão de um ciclo, roda, totalidade.

Onze (11, XI): equilíbrio, gêmeos, justiça, força combinada.

Doze (12, XII): preparação, espera, introspecção, um ano, conjuntos, tribos/tribal.

Treze (13, XIII): sagrado, morte, renascimento, energia lunar.

Vinte e Um (21, XXI): universal, 7 × 3, sorte, sucesso.

Quarenta e dois (42, XXXXII): resposta à questão fundamental da vida, do Universo e de tudo, ou 6 × 7 .

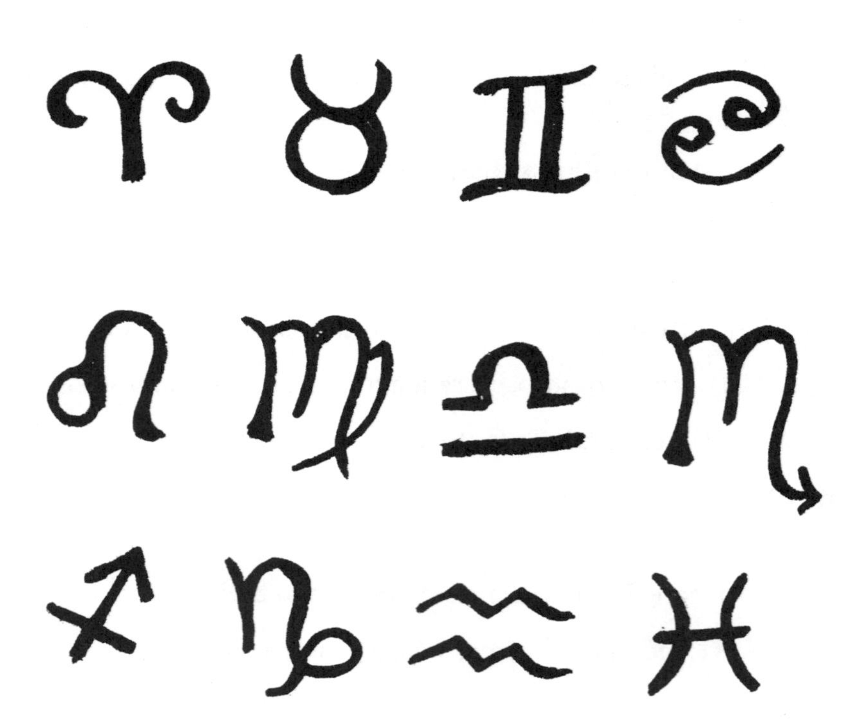

Zodíaco e Signos Astrológicos

A maneira mais fácil de fazer referência à energia de uma pessoa em particular é usar o símbolo do signo astrológico. Não sou perita em astrologia, mas quando faço leituras de tarô, sempre pergunto ao cliente qual é o seu signo do zodíaco. Geralmente, isso me dá uma visão interna da personalidade deles, para que eu possa dar os melhores conselhos sobre o que aparece nas cartas. Por quê? Porque descobri que vários sinais tendem a ter abordagens físicas, mentais e emocionais diferentes para os problemas e as questões. Algumas pessoas também se identificam fortemente com seu signo como uma forma de se explicar, e usar o símbolo em um sigilo pode ajudar a focar nos melhores atributos do signo. Além do signo astrológico associado a cada símbolo do zodíaco, há também a constelação de estrelas para cada signo. Essa pode ser uma maneira mais sutil de incorporar o sinal em um sigilo, ou uma que você possa achar mais significativa. E enquanto consideramos o céu, também existem os símbolos dos planetas que são usados na astrologia. Já cobrimos símbolos simples que podem representar outros corpos celestes, assim não é muito mais difícil considerar os planetas. Então, novamente, se isso é algo com que você se identifica, por que não incorporar um desses símbolos se funcionar para seu objetivo? Também é útil observar que os doze signos também estão alinhados com os elementos. Aquário, Gêmeos e Libra são signos de Ar. Peixes, Câncer e Escorpião são signos de Água. Áries, Leão e Sagitário são de Fogo. E por último, mas não menos importante, os signos de Terra: Touro, Virgem e Capricórnio.

Letras

Outra opção para símbolos que podem ser usados em seus sigilos são as letras. Para evitar confusão, gostaria de apontar algo sobre o método de fazer sigilos descrito na introdução. É um método popular desenvolvido pelo pessoal da magia do caos e envolve concentrar sua intenção em uma frase e escrevê-la. Em seguida, são eliminadas todas as vogais, para evitar que seu cérebro crie associações de palavras, e remove-se consoantes duplicadas. A partir daí, constrói-se um desenho com as consoantes restantes para fazer seu sigilo. Esta é definitivamente uma maneira boa de fazer isso. Mas não é assim que faremos *Magia de Sigilos* e, mais especificamente, não é a isso que estou me referindo neste tópico. Para começar, não tenho nada contra vogais, nem tenho preferência por consoantes. Na verdade, cantar os sons das vogais é uma maneira prática de se sintonizar e se comunicar com divindades e espíritos em muitos caminhos. Nem acho que seja especialmente útil dissociar-se das palavras para ativar o lado direito do cérebro. Como se verá no próximo capítulo, usaremos essas palavras para desenvolver conexões com imagens que nos ajudarão a nos lembrar de nossos objetivos. A ideia principal aqui é incluir letras em seu sigilo na forma de iniciais, para representar uma pessoa ou o nome de uma ideia. Considere o uso de monogramas e joias com nomes, por exemplo. Eles significam propriedade e identidade. Ao assinar formulários importantes, frequentemente há tópicos em que devemos rubricar na linha para indicar que "Eu li e entendi esta parte" *versus* usar nossa assinatura completa. Usar iniciais reconhecíveis em seu sigilo é especialmente útil se você estiver criando um que pretende ser um tipo de logotipo ou marca de identificação. Por fim, se for usar iniciais, tire as letras do idioma que conhecer melhor, em vez de escolher algo porque parece legal. Por que adicionar outra camada de tradução quando pode ser direto?

Cores

A cor com que desenha seu sigilo não é uma coisa importante. Basta usar qualquer caneta e papel que encontrar e que funcione para o que você precisa, como um pedaço de giz para algo que será lavado ou um Sharpie preto (marcador permanente) para colocar uma marca oculta na cadeira da escrivaninha. Mas se você gosta de adicionar associações e tem tempo e recursos para se divertir, aqui está uma lista de cores e seus possíveis significados para aguçar seu apetite. É possível criar certos elementos do seu sigilo com cores diferentes ou fazer com que todos tenham uma só cor. Lembre-se de que pode reagir a uma cor de maneira diferente da que listei aqui, portanto, sempre siga seu instinto. Estas são apenas sugestões.

Vermelho: sangue, fogo, raiva, paixão, amor, boa sorte, fertilidade, pausa.

Laranja: devoção, felicidade, calor, amizade.

Amarelo: luz, ar, aviso, alerta, pausa, desaceleração.

Verde: vida, esperança, alegria, fertilidade, crescimento, ecologia, dinheiro.

Azul: água, céu, calma, sabedoria, purificação.

Roxo: lealdade, justiça, riqueza, bravura, realeza.

Rosa: amor, romance, fertilidade, ternura, filhos.

Marrom: terra, humildade, potencial, retorno.

Branco: pureza, divindade, espírito, morte, Lua cheia.

Preto: submundo, mistério, plenitude, Lua nova.

Prateado: lunar, divindade, espírito, poder psíquico.

Dourado: solar, divindade, espírito, poder físico.

Outros Sistemas de Símbolos

Esta seria a parte do livro na qual alguns de vocês podem dizer: isso é legal, mas onde estão as runas? E a magia islandesa ou os caracteres chineses? Que tal aquelas marcas aborígines ou berberes que você nos mostrou no primeiro capítulo? Se você pratica qualquer um desses caminhos ou origina-se deles, então já deve ter guias de referência para conhecer e usar esses símbolos. Caso contrário, esteja preparado para fazer pesquisas profundas antes de incorporar esses símbolos em seu trabalho.

Meu objetivo neste capítulo foi enfocar símbolos comuns encontrados em muitas culturas, com os quais uma ampla variedade de praticantes podem se identificar. Não sou fã de usar algo só porque parece legal. É importante entender o que significa um símbolo, de onde ele vem, como e por que é usado. Isso também vale para outros alfabetos mágicos como Enochian, Theban e Ogham. Existe o argumento do sigilo, mas você não está escrevendo uma tese para que outros leiam, está fazendo um sigilo.

Se você tem uma familiaridade sólida com um alfabeto mágico ou sistema de símbolos, isso normalmente significa duas coisas: (1) que respeita e tem um bom relacionamento com ele, e (2) que quando vê um desses símbolos, ele imediatamente gera esse significado em sua cabeça. É muito importante na Magia de Sigilos ter a linha de comunicação mais direta entre os lados esquerdo e direito do cérebro. Se vir um alfabeto e tiver que traduzi-lo em sua cabeça para outro idioma e, em seguida, enviar o significado de volta para o outro lado do seu cérebro para formar uma imagem, isso acarreta muito trabalho extra para parecer legal.

Usar alfabetos e sistemas que não parecem próprios de sua pessoa não o fazem uma Bruxa melhor. Por exemplo, acho os alfabetos rúnicos incríveis, mas nunca senti a necessidade de me aprofundar mais neles. Apesar de vir de uma longa linhagem de pessoas que se relacionaram afetivamente com pessoas de outras culturas, não tenho uma ligação familiar com essa área. Há muito tempo, quando eu era apenas uma jovem Bruxa, as runas e eu tivemos uma conversa que foi assim: "É um prazer conhecê-la; mas isso não vai funcionar. Tenha um bom dia".

Por outro lado, o tarô sempre veio naturalmente para mim. Sou profundamente fascinada com a variedade de sistemas e continuo a estudá-los. Costumo me referir ao tarô para associações numéricas, bem como outros significados simbólicos. Portanto, se sentir uma atração por um sistema ou alfabeto, vá em frente e reserve um tempo para estudá-lo. Familiarize-se com ele e, então, fará muito mais sentido usá-lo, pois ele se tornará parte de você.

Outra pergunta que pode ser feita neste momento é esta: "Eu sou um (qualquer que seja o seu ofício ou hobby). Tudo bem se eu incorporar (um sistema relacionado) aos meus sigilos?" A resposta é sim! Um músico usar a notação musical faz todo o sentido. Se um dançarino tem formas específicas que usa em sua coreografia, isso tem um significado simbólico. Um engenheiro pode usar símbolos de equações. Faz todo sentido usar um significado adicional dessas marcas, caso as encontre, desde que ajudem no processo.

Encontrando o Simbolismo nas Palavras: Construindo uma Biblioteca de Símbolos

Já examinamos muitas formas, sinais e símbolos comuns, com suas interpretações sugeridas. O próximo passo é considerar quais símbolos você associa às palavras que pode usar para criar um sigilo. Para algumas pessoas, essa associação símbolo-palavra virá facilmente. Para outras, pode exigir um pouco de prática. Mas, em algum nível, todo mundo tem uma imagem que associa a uma palavra. O truque é passar de uma imagem tradicional e representativa para um símbolo simplificado.

Por exemplo, vejamos a palavra comunidade. Uma comunidade é um grupo de pessoas, geralmente com algo em comum – uma ideia, lugar ou característica que as aproxima. Para algumas pessoas, a forma que podem associar à palavra comunidade é um círculo – referindo-se a um círculo de amigos, um grupo protetor ou uma reunião espiritual.

Outros podem vê-lo como um quadrado – no sentido de uma fundação ou bloco de construção. Outros ainda podem vê-lo como um triângulo, referenciando uma torre, uma organização ou um equilíbrio entre diferentes pontos de vista. Outra pessoa pode visualizar a comunidade como uma coleção de pontos dispostos em um hexágono – representando indivíduos se unindo para formar uma coletividade ou colmeia solta. Todas essas associações estão corretas, por isso é importante dedicar um tempo para descobrir o que parece certo para você.

E quanto aos verbos? Eles têm associações como substantivos. Considere a palavra crescimento. Uma imagem de crescimento pode ser uma seta reta voltada para cima emergindo de um ponto. Ou talvez você esteja pensando em crescimento orgânico (em termos de tempo e experiência), então talvez a haste da flecha seja ondulada. Talvez seja uma linha vertical acompanhada por divisas (termina apontando para cima), terminando em uma estrela apontando para cima ou pode usar uma mandorla, saindo de uma linha vertical para representar a forma de uma folha.

Para ajudar a prepará-lo para o próximo capítulo, incluí uma lista de palavras que são comumente encontradas em trabalhos com sigilos. Examine-as e reserve um tempo para considerar como você traduziria cada palavra em um símbolo. O objetivo dessa prática não é criar um dicionário de relações palavra-símbolo que será gravado em pedra. As palavras mudam com o tempo e variam de acordo com a situação, mas é bom encorajar seu cérebro a conectar palavras e imagens. Em seguida, coloque suas ideias no papel – você verá por que isso é importante no próximo capítulo. Esta prática definitivamente o ajudará em muitas práticas mágicas – não apenas na Magia de Sigilos!

Sinta-se à vontade para adicionar outras palavras a esta lista ou usar sinônimos para aquelas que são mais relevantes para você. Não há mal nenhum em construir uma lista de referência de palavras e símbolos para guiá-lo. Apenas certifique-se de que seja seu e de que se sinta confortável em associar formas e palavras naturalmente em sua cabeça ao longo do tempo.

SUAS ASSOCIAÇÕES DE PALAVRA-SÍMBOLO			
Palavra	*Símbolo*	*Palavra*	*Símbolo*
Adquirir		Alinhar	
Arte		Equilíbrio	
Banir		Bênção	
Mudar		Purificar	
Comunidade		Criar	
Diminuir		Sonho	
Emergir		Família	
Fertilidade		Amizade	

SUAS ASSOCIAÇÕES DE PALAVRA-SÍMBOLO			
Palavra	*Símbolo*	*Palavra*	*Símbolo*
Doar		Crescer	
Orientar		Felicidade	
Cura		Saúde	
Casa		Ignorar	
Aumentar		Inspiração	
Invocar		Jornada	
Amor		Sorte	
Gerenciar		Dinheiro	

SUAS ASSOCIAÇÕES DE PALAVRA-SÍMBOLO			
Palavra	*Símbolo*	*Palavra*	*Símbolo*
Espelho		Negociar	
Superar		Poder	
Prosperidade		Remover	
Restringir		Romance	
Resolver		Força	
Estudo		Sucesso	
Sustentar		Tempo	
Confiança		Trabalho	

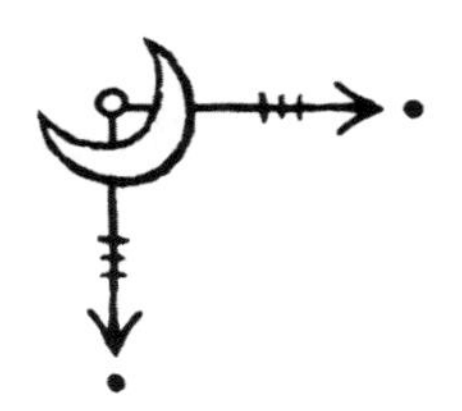

Capítulo 3

Fazendo Magia

Uma das melhores maneiras de pensar a respeito de Magia de Sigilos está no fato de ser ela essencialmente uma magia condensada. Não requer muito espaço, suprimentos especiais, conhecimentos de ervas ou um grau metafísico. Tudo que precisa para fazer um sigilo é uma superfície (algo para escrever), um instrumento de escrita e a habilidade de se concentrar em um objetivo ou resultado desejado. Tem alguns minutos, uma caneta esferográfica e um post-it? Você está feito!

Claro, o sigilo pode ser muito mais elaborado se quiser. Quer fazer papel artesanal com infusão de ervas especiais processadas durante uma determinada fase da Lua? Vá em frente! Quer ordenhar sua própria lula, liquefazer um pouco de resina de sangue de dragão e criar sua própria tinta? Então faça tudo o que o leve a isso! Basicamente, a Magia de Sigilos pode ser feita de maneira tão simples ou tão complexa quanto o seu coração desejar.

Para descobrir o que funcionará melhor para o seu propósito, vamos investigar como e por que a Magia de Sigilos funciona, metafisicamente e fisicamente. Exploraremos seus usos e processo de criação, passo a passo, e consideraremos a grande variedade de opções disponíveis para você implementar seus sigilos.

Compreendendo a Magia e a Bruxaria

A Magia/magia (*magick*, em inglês) é a arte de focar sua vontade ou intenção a fim de trazer mudanças a si mesmo e influenciar seu ambiente e o mundo ao seu redor.

Se essa descrição de magia parece extraordinária, considere o que está fazendo neste momento – lendo. A capacidade de ler este livro envolve a transferência de energia por meio de células, nervos e músculos, enquanto o resto do corpo está trabalhando. Você entende as letras, forma as palavras, vê as frases e cria a estrutura em sua mente. Vai além do reconhecimento visual para ser armazenado como memória para que possa recorrer novamente no futuro. É tecnicamente uma transferência "invisível", mas acontece de qualquer maneira. Constantemente influenciamos a nós mesmos e aos outros por meio de nossos pensamentos, emoções e ações. Como seu gato ou cachorro favorito sabe quando você está triste? Eles podem captar os sinais sutis emitidos, mesmo que você não esteja exibindo sinais óbvios de angústia.

A Magia e a Bruxaria funcionam de maneira muito semelhante. Uma ideia se torna pensamento, que se torna ação – intencional e também subconsciente – colocando as coisas em movimento. Podemos estimular nossos sentidos acendendo velas coloridas, triturando ervas, ungindo com óleos, queimando incenso, escolhendo certas fases da Lua, enquadrando imagens, escrevendo palavras, tocando música – todos os símbolos aos quais respondemos e coordenamos com os objetivos de nossas intenções. Ainda parece rebuscado para você? Considere um lugar onde se sinta relaxado, talvez um spa onde haja música suave tocando. Os pisos são quentes e confortáveis, o ar tem cheiro de lavanda fresca e a luz é suave e atmosférica. Todas essas coisas têm um efeito calmante no cérebro e no corpo. Da mesma forma, o estresse – embora muitas vezes designado como uma tensão mental – pode manifestar efeitos realmente prejudiciais em seu corpo, incluindo pressão alta, queda de cabelo, irritações na pele e resposta imunológica reduzida. Mas o estresse é invisível apenas "na sua cabeça", certo? Os sintomas muito reais e físicos falam muito sobre o que o cérebro pode fazer para nossos corpos.

Espero que isso explique a magia de uma forma um pouco mais prática. A menos que esteja vivendo em um filme de Harry Potter, você não pode acenar uma varinha, dizer algumas palavras e esperar que efeitos CGI[15] fantásticos aconteçam instantaneamente. Mas você pode concentrar sua vontade e mudar os padrões de energia dentro de si e a seu redor, como um fio se interconecta com outros fios na trama do tecido.

Se aceitarmos e compreendermos que magia, ou magicka[16], como alguns preferem, é a intenção posta em movimento, então a Bruxaria é a arte de organizar o físico para afetar o metafísico. Pode ser o canto de versos rimados para mudar o clima, a coleta e a queima de ervas com correspondências mágicas alinhadas para limpar um ambiente, ou a confecção de um boneco para curar uma pessoa. Para nossos propósitos, estamos examinando especificamente como os sigilos podem ser usados como Bruxaria. Isso significa que a Magia de Sigilos está criando e usando símbolos específicos para influenciar uma pessoa, situação ou ambiente. O ato de desenhar a forma, reconhecer o simbolismo encontrado dentro daquele sigilo e decidir o que fazer com ele depois vai influenciar a forma como fazemos a Magia de Sigilos.

A propósito, muitas pessoas perguntam sobre o *k*, que ocasionalmente uso na palavra *magicka*. Eu tendo a usar essa grafia específica de magia ao discutir metafísica com um público familiar. Existem todos os tipos de debates sobre a origem e o uso apropriado dessa grafia, com o mais simples sendo o recurso de usar uma grafia mais antiga da palavra e distingui-la da magia de palco baseada em

---

15. N.R.: CGI é uma sigla em inglês para o termo *Computer Graphic Imagery*, ou seja, imagens geradas por computador, a famosa computação gráfica.

16. N.R.: a autora está aqui se referindo a grafia em inglês *magick*, conforme explica na sequência do texto. Em português, vamos usar sempre que pertinente a palavra "magia" justamente para não haver confusão com a prática do ilusionismo.

ilusão. Francamente, não sou um grande fã da palavra com ou sem k, pois acho que ela falha na descrição do processo. Isso evoca fantasia quando estamos lidando com um uso de energia muito real e eficaz. Mas até que eu encontre ou crie uma palavra melhor, a magia terá que servir. (Se o *k* lhe causar urticária, tome um comprimido para alergia e prossiga para se concentrar em coisas mais importantes.)

Como desenhar sigilos funciona?

Se você entende que velas coloridas, ervas, óleos e bonecos funcionam para estimular os sentidos através da magia simpática (como coisas que correspondem a coisas semelhantes, ou a parte que afeta o todo), então pode estar se perguntando como apenas desenhar sigilos pode ser eficaz. Todos os sigilos estão correlacionados a duas coisas básicas muito importantes: visão e toque. A visão seria seus olhos reconhecendo a forma e seu significado atribuído. Depois, há a sensação tátil de fazer o próprio desenho, conectando os olhos, a mão e o cérebro em um ciclo de reconhecimento físico e reflexivo.

Quão importante é que você desenhe seu sigilo? Muito. Vários estudos sobre a memória mostraram que as pessoas que fazem anotações físicas com caneta e papel ao invés de digitá-las se lembram mais[17]. Por quê? Acontece que nosso cérebro usa um tipo diferente de processamento cognitivo quando escrevemos e quando digitamos. Quando ouvimos e digitamos, estamos no modo de transcrição – transcrevendo conteúdo audiovisual sem pensar muito sobre ele cognitivamente. Desenhar e fazer anotações à mão leva mais tempo, então você está processando e condensando mais ativamente as informações que está vendo e/ou ouvindo. Seu cérebro está muito mais engajado e envolvido em todo o processo, então se lembrará dele muito melhor.

---

17. Cindi May, *A Learning Secret: Don't Take Notes with a Laptop Scientific American*, 3 de junho de 2014, www.scientificamerican.com/article/a-learning-secret-don-t-take-notes-com um laptop.

Foto da Artista Trabalhando

Além disso: "Quando escrevemos algo, a pesquisa sugere que, no que diz respeito ao nosso cérebro, é como se estivéssemos fazendo aquilo. Escrever parece funcionar como uma espécie de miniensaio para colocar em prática... Visualizar fazer algo pode 'enganar' o cérebro, fazendo-o pensar que está realmente fazendo alguma coisa, e escrever algo parece usar o suficiente do cérebro para desencadear esse efeito"[18].

Portanto, no processo de criação de um sigilo, você está acessando os centros de pensamento cognitivo superiores em seu cérebro, esclarecendo e editando informações para lembrar as partes mais importantes. Seu cérebro foi engajado de tal maneira que já está se preparando e visualizando o efeito da magia. O lado direito do nosso cérebro se deleita com as imagens, então os sigilos se alinham com a parte mais intuitiva e instintiva de nós mesmos. É muito mais fácil manifestar algo quando se pode imaginá-lo, coordenando-o instantaneamente e subconscientemente com um significado. O sigilo ajuda a criar a sensação de que aquilo que está olhando se envolve com todo o seu ser. Muito impressionante para algo com apenas algumas linhas irregulares, hein?

Depois de criar o sigilo, você o aplica. Algumas pessoas falam sobre "ativá-lo" depois de desenhá-lo. Eu acredito que o sigilo já foi ativado no processo de criá-lo e finalizá-lo como um desenho. Seu cérebro e o seu ser tomam conhecimento de uma coisa a partir da experiência de criá-la. A próxima etapa é aplicar e reconhecer. A aplicação refere-se a como você o usará para ajudá-lo a atingir seu objetivo. O reconhecimento está renovando sua associação com o sigilo e essas ações são determinantes para o seu planejamento de como usá-lo.

Usos para a magia de sigilos

Essencialmente, qualquer coisa que você possa pensar em fazer na Bruxaria regular pode ser feita com sigilos – e possivelmente mais! Cura, banimento, ligação, desligamento, limpeza, atração, proteção, fertilidade, prosperidade, amor, amizade, parceria, glamour, adivinhação – a lista é infinita. Se você pode pensar, pode desenhar.

---

18. Dustin Wax, *Writing and Remembering: Why We Remember What We Write* www.lifehack.org/articles/featured/ writing-and-remembering-why-we-remember-what-we-write.html.

Além de serem abreviações para feitiços tradicionais, os sigilos podem se corresponder com ancestrais, divindades e outros espíritos – como nossos amigos magos cerimoniais bem sabem. Mas você não está confinado a trabalhar com aquele conjunto específico de anjos, demônios e outros seres, especialmente se trabalhar em uma cultura ou sistema diferente. Pode trabalhar com seus espíritos e divindades familiares para criar um sigilo que seja um tipo de sinal de chamada, marca de familiaridade ou símbolo de devoção para eles.

É possível usar um sigilo como uma marca de propriedade (como que indicando: esta coisa em que o sigilo está é *minha*). E também pode trabalhar com um grupo, tribo, Coven, igreja ou comunidade para criar um sigilo que represente a organização e seus objetivos. Pode ser um logotipo da sua empresa ou uma marca pessoal que o identifica e descreve como um ser. Pode até ser um brasão familiar ou doméstico.

Tenho certeza de que, uma vez passado pelo processo de criação e pelas opções de aplicação e reconhecimento relacionadas, você terá uma ideia ainda melhor da infinidade de usos para a Magia de Sigilos.

Passo a passo: como planejar e criar seu sigilo

Agora que você sabe que o céu é o limite, por onde começar? Existem quatro etapas básicas para a criação de sigilos:

Etapa 1: defina seu objetivo ou identifique o problema.

Etapa 2: faça um *brainstorming* de uma lista do que é necessário para cumprir essa meta ou resolver o problema.

Etapa 3: projeta o sigilo.

Etapa 4: aplique o sigilo e reconheça-o conforme necessário.

Vou explicar em detalhes os processos por trás dessas quatro etapas. Usaremos um cenário prático para ilustrar como trabalhar em cada uma delas. Incluí mais exemplos nos exercícios práticos do capítulo 5, para que você possa explorar uma variedade maior de situações e comparar as soluções possíveis.

Passo 1: Defina sua meta ou identifique o problema

Primeiro, considere o que você deseja realizar. É vital ser realista quanto ao objetivo e levar algum tempo para considerar os possíveis resultados, consequências e ramificações. Sempre disse aos meus alunos: "a magia segue o caminho de menor resistência". Existem muitos mitos no folclore mundial que envolvem desejos mal elaborados e os problemas que eles causam. É melhor modelar seu pensamento nas figuras míticas astutas que exercem visão e pensamento crítico. Se você apenas seguir seus desejos e impulsos sem pensar bem, provavelmente não ficará satisfeito ou contente com o resultado. Todas as ações levarão a uma variedade de reações – intencionais e não intencionais, positivas e negativas – então você precisa pensar vários passos à frente e ser responsável, o que significa reconhecer que a Bruxaria tem mais a ver com ter poder sobre você e seu ambiente do que sobre os outros. Aqui estão alguns exemplos:

Exemplo 1

- **Boa meta:** ter um relacionamento amoroso saudável e feliz.
- **Má ideia:** fazer Pat se apaixonar por mim.

A primeira permite opções e um resultado melhor. E se Pat se revelar um idiota total? Então você ficará preso na missão de se livrar de Pat.

Exemplo 2

- **Boa meta:** ser financeiramente seguro, estável e bem-sucedido, com uma renda de pelo menos $ 42.000 por ano.
- **Má ideia:** conseguir um emprego ou obter um aumento em meu trabalho.

A primeira se concentra em um ciclo maior e em uma meta específica. A última pode não fornecer o dinheiro de que você precisa para estabilidade financeira ou fornecer o ambiente necessário ou almejado. Talvez você precise de um emprego diferente.

Exemplo 3

- **Boa meta:** possuir a casa certa, que seja segura, pelo preço adequado ou abaixo dele, e aquilo de que minha família precisa nos próximos seis meses em Sky County.
- **Má ideia:** garantir que conseguiremos aquela casa que licitamos em 303 Happy Place.

A primeira fornece um cronograma, limite financeiro e área definidos e cobre suas necessidades e expectativas. Aquela casa que você viu pode não ser a melhor para suas necessidades: pode custar mais, ter problemas ocultos ou colocá-lo fora da corrida por uma casa mais adequada.

Exemplo 4

- **Boa meta:** conseguir justiça e cura para minha amiga Donna, com segurança e rapidez.
- **Má ideia:** que aquele idiota que machucou Donna queime no fogo.

A primeira ajuda diretamente a sua amiga e põe a justiça em ação, sem ter um papel direto sobre como isso acontece, é o seu problema específico. Esta última pode parecer que faz justiça, mas pode envolver outras pessoas se machucando e não empresta energia para ajudar Donna a superar o que aconteceu. Você pode ver alguns lugares acima onde é bom ser específico e outros onde é melhor definir diretrizes sem se preocupar muito com os detalhes. Não vou lhe dar um sermão sobre carma, uma lei tríplice do retorno ou a moeda do bem/mal, cada um de nós tem sua própria perspectiva e conjunto de ética e crenças. Minha única recomendação no departamento moral é ser cuidadoso, considerar os efeitos de curto e longo prazo, estar preparado para assumir a responsabilidade por suas ações e ter cuidado para não se forçar ou se esforçar demais. Além disso, não seja um idiota.

Etapa 2: Faça um brainstorming de uma lista do que é necessário para atingir essa meta ou resolver o problema

Depois de considerar a etapa 1, escreva o que descobriu, de qualquer maneira, para ajudá-lo a processar e explicar a si mesmo. Se você estiver enfrentando um problema específico, pode fazer uma lista dos problemas e do que pode ser necessário para criar uma solução. A partir daí, concentre-se em fazer uma lista de palavras-chave que resumam o que deseja alcançar. Essas palavras, por sua vez, vão se traduzir nas formas e marcas que você vai usar para criar o sigilo. Eu recomendo ter pelo menos três a quatro palavras para se concentrar, mas não mais do que, digamos, dez a doze palavras.

Vamos pegar um de nossos exemplos de "boas metas" para usar como nosso cenário de prática:

- **Boa meta:** trazer justiça e cura para minha amiga Donna, com segurança e rapidez.

Nossas palavras-chave aqui são: justiça | cura | Donna | segurança e rapidez.

Etapa 3: Projete o Sigilo

Olhe para sua lista de palavras. Que formas, marcas ou símbolos você conecta a cada uma delas? É assim que eu faria isso. Tudo isso acontece normalmente na minha cabeça, mas para o formato deste livro, vou listá-lo para você:

- **Justiça:** as balanças.
- **Cura:** um coração, energia espiral.
- **Donna:** ela é canceriana, então poderíamos usar esse símbolo para ela, ou um D representando o seu nome.
- **Segurança:** sinal de mais, crescente para cima.
- **Rapidez:** energia da seta, todas as direções.

No centro de tudo isso está Donna, então vou colocar o símbolo dela primeiro. Quero que ela seja protegida e se concentre na cura em um lugar seguro, então vou desenhar um coração ao redor de seu símbolo, com espirais saindo do fundo do coração. Em seguida, estou pensando em "justiça" e "segurança", então vou colocar um sinal de adição saindo do topo do coração e construir a balança subindo e descendo de cada lado do coração. O topo do sinal de mais parece vazio para mim, então vou colocar o crescente no topo. Isso sai "rapidamente", então vou desenhar flechas indo nas direções cardeais. *Voilà!* Um sigilo!

Sigilo da Donna

Passo 4: Aplique o Sigilo e reconheça-o como sendo necessário

Uma vez que você projetou seu sigilo, é hora de fazer algo com ele. O que você faz com o sigilo depende de seu propósito. Este processo é o que chamo de aplicação do sigilo. Reconhecimento é o que você (ou o usuário final) pode fazer após o sigilo ser aplicado para lembrar-se dele, reenergizá-lo ou, de outra forma, interagir com ele.

Algumas pessoas estão realmente interessadas em queimar seus sigilos para "ativá-los". Tendo a ver o ato de queimar em magia como um meio de banir, limpar ou, de certa forma, remover ou liberar algo, o que torna a queima de um sigilo bastante ineficaz se não estiver associado a nenhuma dessas ações. Existe uma escola particular de pensamento que recomenda fortemente destruir o sigilo depois de criá-lo. O raciocínio é que, para que o sigilo funcione, é preciso esquecê-lo, deixando-o deslizar de volta para o seu subconsciente ou inconsciente. Esse processo determina que o sigilo não funcionará se você estiver hiperfocado em seu sucesso. Essa pode ser uma boa solução se você tende a se fixar em certas coisas, mas acho que é um exagero para a maioria das pessoas, especialmente para aqueles que são adeptos da metafísica e familiarizados com o exercício de controle sobre a mente e os pensamentos.

Mesmo que o sigilo esteja frequentemente dentro do seu campo de visão (em sua mesa, tatuado em seu braço, em seu espelho, etc.), ele cai na faixa subliminar de observação – o que significa que muitas vezes você olha para ele sem realmente estar ciente de que o vê e de estar pensando conscientemente sobre isso. Essa exposição sutil aos símbolos pode resultar em um funcionamento bastante eficaz, considerando que é assim que muitos anúncios funcionam! (Se você vir algo por um tempo suficiente, vai se familiarizará com aquilo mesmo se não estiver ciente disso.) Basicamente, existem muitas outras opções para aplicar e reconhecer seu sigilo (além de destruí-lo imediatamente após projetá-lo) que podem dar-lhe mais retorno por seu investimento. Vamos falar sobre isso extensivamente no próximo capítulo.

Voltando ao nosso sigilo de cenário e prática direcionado a Donna, vamos olhar para algumas possibilidades diferentes de aplicação e reconhecimento.

- **Cenário 1:** Donna solicitou que você fizesse este sigilo. Ela está planejando tatuá-lo no local onde foi ferida. Depois de curada, ela planeja ungir o sigilo diariamente com uma mistura de óleos essenciais especiais feita com ervas que se concentram na cura e na justiça.

- **Cenário 2:** Donna não pediu um sigilo, mas você queria fazer algo por ela. Você desenha o sigilo em azul (sua cor favorita) e coloca em seu altar ao lado de um item que ela lhe deu, onde você o vê todos os dias.
- **Cenário 3:** Donna pediu um sigilo que ela pode transformar em um *patch* (um pedaço de tecido com o sigilo pintado ou bordado). Ela vai costurá-lo dentro de seu casaco favorito que sempre usa, então quando sair, vai levar o sigilo junto. Ela verá isso toda vez que colocar o casaco e se sentirá protegida.
- **Cenário 4:** o sigilo precisa ser virtualmente invisível por várias razões. Para alcançar essa invisibilidade, Donna ou um praticante/ amigo pode pintá-lo com água salgada nas portas da frente e de trás de sua casa e reaplicá-lo regularmente, talvez no aniversário do incidente original ou em cada Lua cheia.
- **Cenário 5:** o sigilo será inscrito em uma joia, por um amigo em comum, e dado a Donna para usar quando ela sentir que precisa de algo extra para ajudá-la a se sentir fisicamente segura e emocionalmente amparada.

Usando ou aplicando sigilos em qualquer coisa

Depois de projetar seu sigilo, existe uma ampla variedade de opções para sua aplicação. Incluí uma série de ideias para você considerar nos próximos capítulos, mas quero reservar um momento para lembrá-lo de que eles também funcionam de maneira simples e básica. Tudo que você realmente precisa é algo com que escrever e em que escrever. É isso aí! Você não precisa de um papel extravagante, ou de uma caneta cara, ou de uma hora específica do dia, ou da fase da Lua para fazer o trabalho. Essa é a beleza da Magia de Sigilos.

Você pode dobrar o papel e manter o sigilo em sua carteira ou colá-lo no espelho do banheiro, onde poderá vê-lo todas as manhãs e noites. Talvez você tenha um frasco de intenções em que planeja colocá-lo. Talvez ele fique em uma nota adesiva na tela do computador em seu escritório. Ou talvez você o desenhe com marcador permanente preto sob sua cadeira. Nenhuma dessas opções é particularmente sofisticada ou demorada, mas, apesar de tudo, são práticas e eficazes.

Porém, e se você quiser fazer algo um pouco mais elaborado? Não há nada de errado com isso, então vamos explorar algumas opções que podem agitar seu caldeirão!

Artes Rituais que as Bruxas amam fazer

Digamos que você realmente queira transformar o seu sigilo em um objeto permanente. O papel de rascunho simplesmente não fará isso sozinho. Então você está procurando se envolver em uma prática mais física – como um item feito ritualmente. Ritual é a palavra que usamos para descrever as ações realizadas para dar significado, propósito e ordem a algo. Pode ser muito elaborado ou simples, desde que funcione para você.

Se vou começar a trabalhar em alguma arte, preciso definir o ambiente. Tem que ter uma xícara de chá quente, a iluminação certa, uma trilha sonora adequada e tudo o que preciso à mão. Meu estúdio é meu espaço sagrado, então não é preciso muito para deixá-lo pronto. Você pode acender uma vela ou queimar um incenso. Ou pode se sentir melhor ao lançar um círculo formal, estabelecendo um espaço sagrado muito específico e chamando um espírito ou divindade para trabalhar com você, e então, destruí-lo quando terminar. Tudo depende de suas preferências e personalidade, do espaço e da quantidade de tempo disponível.

Então, vamos considerar alguns projetos mais envolvidos para sigilos. Todos eles requerem algum tempo e paciência, e podem ser alterados de acordo com suas necessidades e habilidades.

Iluminando um Sigilo com Caneta e Tinta Tradicionais em um Cartão

Iluminação

A iluminação é uma referência a manuscritos iluminados – textos sagrados históricos ilustrados com cuidado e amor, muitas vezes com materiais caros e/ou de arquivo. Há um senso inerente de dedicação e atenção aos detalhes presentes no processo de iluminação. Você pode desenhar ou pintar seu sigilo em pergaminho ou papel infundido com tinta fina. Pode comprar alguns papéis incrivelmente bonitos em lojas de materiais de arte e abençoá-los (borrifar ou ungir com óleos, defumar com incenso, etc.). Ou, se quiser, pode fazer você mesmo o papel, misturar ervas nas fibras e até prensá-las e secá-las em dias específicos ou durante determinados ciclos lunares. Pode investir em lindas tintas da Índia em uma variedade de cores, tinta de nogueira (uma linda tinta, em tom sépia) ou tintas metálicas, ou aprender como fazer e misturar tintas para você mesmo. Depois de ter todos os seus suprimentos à mão, pode sentar-se em seu ambiente ritual e colocar todo o seu foco em fazer o sigilo tão elaborado e ornamentado quanto desejar.

Pinturas de Magia de vitalidade e visão feitas pela autora

Pintura

Costumo incorporar sigilos em minhas pinturas como parte da obra de arte, mas você pode fazer uma pintura de um sigilo por si só. Se deseja fazer algo resistente, durável e fácil de pendurar, procure telas prontas ou painéis de madeira. Se optar por um tamanho significativo (mais do que alguns centímetros), evite telas de lona, por elas se deformam com o tempo. Pessoalmente, não me importo que a textura da tela atrapalhe meu trabalho; prefiro painéis de madeira, mas escolha o que funciona melhor para você e seu orçamento. Painéis e telas vêm em uma ampla variedade de tamanhos e formas. Selecione um que se encaixe bem no seu sigilo. Para tintas, gosto de usar a acrílica Delta Ceramcoat. É barata (menos de dois dólares o frasco), fácil de trabalhar (não é grossa como a maioria dos acrílicos) e está disponível em uma grande variedade de lojas de artesanato. Para pincéis, gosto de usar os de cabo curto com cerdas sintéticas macias, como o University Series da Winsor & Newton, que são mais econômicos e duráveis, desde que você os limpe corretamente. (Consulte o próximo capítulo para obter mais recomendações de suprimentos de arte.)

Sacolas com Sigilos – Sacos de lona adornados pela autora com tinta lavável

Tinta de Tecido

Sou fã de tintas de tecido (sim, ainda fazem, caso você se lembre delas apenas do final dos anos de 1980, início dos anos 1990). Há uma grande variedade de cores, é completamente lavável e seca relativamente rápido. Gosto da marca Tulip, sua tinta fluida de 35 gramas é fácil de segurar e controlar e elas proporcionam alguns bons tons metalizados. Se tem medo de desenhar o seu sigilo à mão livre com um pequeno frasco de tinta, pode usar giz ou uma caneta/marcador/lápis lavável para fazer o desenho primeiro, e então use o que desenhou como um guia para pintar o seu sigilo. Um lugar interessante para colocar um sigilo é em suas meias – você será capaz de vê-lo quando colocá-las, mas, por outro lado, estará recoberto pelos sapatos. Ou talvez queira colocá-lo em sua gravata favorita – pintando o sigilo no verso. Suponho que até pintar sigilos em sua roupa íntima é possível, se isso a inspirar (talvez um local prático para um sigilo de fertilidade, se esse for o seu objetivo). Tenha cuidado!

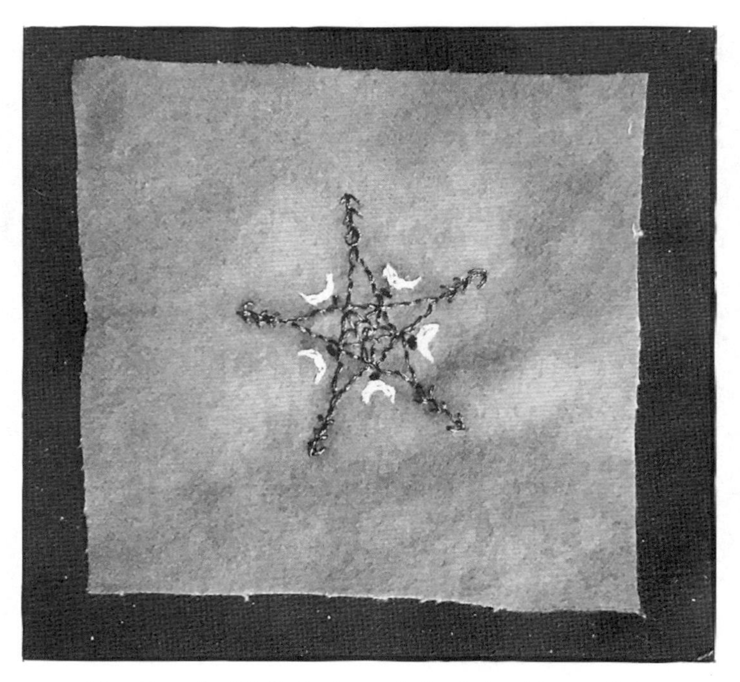

Meu Desenho "Sigilo Poderoso", Bordado e Fotografado por Kohenet Ketzirah haMa'agelet

Costura

Dependendo de sua familiaridade com uma agulha e linha, é possível costurar seu sigilo, escaneá-lo ou descobrir o quão grande ou pequeno você quer que ele seja e imprimi-lo em uma folha de tecido feita especificamente para sua impressora. Em seguida, corte-o em um remendo e costure onde quiser. Recomendo usar a impressão como um guia para "desenhar" com pequenos pontos de linha sobre as linhas do seu sigilo. Se tiver um nível mais avançado, pode bordar ou fazer ponto cruz em seu sigilo, depois emoldurar e pendurá-lo ou transformá-lo em um travesseiro ou bolsa.

Madeira, Osso e Argila são Ótimas Bases para Pingentes de Sigilos

Joias

Fazer um sigilo em joias funciona para pessoas com uma ampla variedade de conjuntos de habilidades. Muitas lojas de artesanato vendem contas grandes ou pingentes em branco que você pode pintar, desenhar ou gravar. Se morar perto da praia ou costumar frequentá-la, às vezes pode encontrar conchas de marisco ou outras amêijoas que já tenha um buraco feito na parte superior por algum outro animal. O interior é geralmente muito liso e ideal para pintar ou desenhar. Você pode revestir sua pintura/desenho com uma camada de esmalte transparente para protegê-la. A melhor parte da concha é que o sigilo pode ser um "segredo" ficando na parte de dentro que usamos contra a pele. Outra opção de joia é procurar um pequeno frasco ou medalhão. Para isso, pode desenhar seu sigilo em um papel fino e, em seguida, enrolar ou dobrar para caber no recipiente. Se você é um artesão ou ferreiro pode gravar ou esmaltar seu sigilo em metal, vidro, osso, argila, madeira, etc. – transformando-o em contas, amuletos, pingentes, pulseiras, anéis, brincos e assim por diante.

O Sigilo Evanescente

Às vezes, só você e ninguém mais precisa saber onde o sigilo foi colocado. Ou talvez o sigilo tenha o propósito de ser temporário. Aqui estão algumas ideias para sigilos ocultos ou invisíveis.

Um Sigilo Feito de Giz na Soleira de uma Porta

Giz

O giz é maravilhoso por ser barato, fácil de usar, não tóxico para o meio ambiente e desaparecer rapidamente. Também é quase invisível em outras superfícies brancas. Existem várias tradições de todo o mundo em que a área da porta da frente é decorada com desenhos de giz para abençoar a casa ou o negócio e/ou apaziguar os espíritos. Os desenhos podem ser limpos com o vento, o clima e o desgaste de ser pisado e, em seguida, reaplicados conforme necessário. Em muitos casos, o desgaste natural das marcas de giz carrega uma sensação de magia simpática – que a boa energia será reconhecida e conhecida quando partes dela forem carregadas por outros.

Sal

Usando sal de cozinha ou sal marinho, é possível fazer uma pintura de "sal" de seu sigilo, que eventualmente será lavada, soprada ou varrida. Se o seu sigilo tem a ver com purificação ou limpeza, esta é uma boa conexão. Você só precisa cuidar para não danificar ou enferrujar o que quer que seja salpicado com o sal. Outra forma de usar sal é misturar uma pitada dele em um recipiente com água e em seguida, usando um pincel, dedo ou ervas amarradas para desenhar, criar um sigilo para abençoar portas, janelas, etc. Contanto que você mantenha o conteúdo de sal baixo, suas marcas serão quase invisíveis.

Terra

Se precisar desenhar um sigilo, mas não quiser usar sal ou giz, pode usar areia ou terra, dependendo da natureza do solo. Ou ainda, de forma mais simples, se o solo estiver solto o suficiente pode usar um pedaço de pau ou o dedo para desenhar seu sigilo na terra. Em terrenos rochosos, pode alinhar seixos ou pequenas pedras em um caminho para formar o desenho do seu sigilo. Com o vento, a chuva, os animais, a vegetação e as marcas de caminhadas, os sigilos feitos da terra serão dispersos com o tempo.

Sigilo na terra

Desenhar diretamente na terra não apenas nos conecta fisicamente ao solo e suas propriedades elementares, mas também nos lembra que a terra é de onde viemos e para onde retornamos. Essa conexão pode adicionar significado aos sigilos para prosperidade e crescimento, quando colocados em solo fértil, ou talvez para sigilos projetados para colocar algo para ser pausado, quando colocados em solo rochoso, areia ou terra seca. Na praia, pode-se desenhar sigilos na areia úmida para a maré alta levar com suas ondas – o que combina os conceitos elementais de Terra e Água.

Sigilo na Água

Água

Como mencionei com o sal, você pode usar água para desenhar sigilos para sua quase invisibilidade. Se a superfície na qual está trabalhando for bastante absorvente, poderá ver o sigilo lá até que seque. Você pode abençoar a água e usá-la conforme necessário. Se desenhar um sigilo em uma janela ou espelho embaçado, ele desaparecerá, mas também reaparecerá quando o vidro ficar embaçado novamente – o que pode ser um bônus adicional para sua própria casa, mas não tanto se estiver desenhando em outro lugar. Você também pode fazer uma infusão de ervas apropriadas e desenhar seu sigilo nisso. Pode ser uma boa ideia para fazer em uma fronha (contanto que dê tempo para secar antes de dormir) ou para abençoar um carro.

Outras possibilidades incluem desenhar um sigilo na superfície da água – infundir uma bebida com ele ou abençoar um banho. Você também pode esculpir, gravar ou marcar um sigilo em um pedaço de gelo; à medida que ele derrete, o sigilo é liberado – seja no local onde o gelo é colocado, dentro dele ou no ar em que o gelo/água evapora.

Você também pode considerar as associações elementares da Água como uma conexão adicional. A água é frequentemente equiparada aos relacionamentos e considerações emocionais (considere o naipe de copas do tarô).

Portanto, se o seu sigilo tem a ver com equilibrar ou desenvolver emoções, ou talvez se concentre em um relacionamento romântico ou familiar, você pode considerar a água como um possível método de aplicação.

Fogo

Às vezes, fogo é o que você precisa. Queimar um sigilo que foi criado no papel em um recipiente adequado tomando as devidas precauções de segurança pode ser um método eficaz para alguns feitiços, particularmente se você estiver trabalhando com espíritos associados com fumaça e chamas. Outra possibilidade é ter um sigilo criado para resolução – que é desenhado nas cinzas de qualquer feitiço que você estava fazendo e que exigia que coisas fossem queimadas. Esse sigilo pode ser um selo para fechar e encerrar uma situação ou redirecionar qualquer energia residual para um novo propósito. Você também pode desenhar um sigilo de um material que vai queimar brevemente e incendiá-lo (em uma superfície segura). Isso pode ser visto, literalmente, como "colocando lenha na fogueira".

Ao considerar associações elementais do Fogo, existem algumas maneiras diferentes de encará-lo. Tenho tendência a ver o fogo e a ação como estando relacionados, e para mim, isso também vale para o tarô. Espadas têm a ver com ação, e eu relaciono isso ao fogo, enquanto outras pessoas veem as varinhas como fogo, pela ardente inspiração da mente com ideias. Independentemente da posição que você tomar, o fogo causa uma mudança física ativa que não pode ser desfeita e também fornece iluminação. Se você está procurando por mudanças drásticas ou o esclarecimento de um problema, aplicar seu sigilo com fogo pode ser uma boa escolha.

Um Sigilo de Fumaça

Fumaça e Ar

Provavelmente o método mais invisível e mais simples é traçar seu sigilo no ar – com o dedo indicador, uma varinha, um athame, um cristal, uma vareta, etc. Você também pode acender um incenso ou um feixe de ervas designado para fazer fumaça, e usá-lo para desenhar o seu sigilo com a fumaça resultante. Idealmente, você selecionaria uma fragrância de incenso ou uma coleção de ervas que se correlacionam a intenção por trás do seu sigilo. Não sou uma fã de fumar cigarros ou charutos, mas existem algumas tradições espirituais onde usar qualquer um deles faria todo o sentido para desenhar o seu sigilo de fumaça. Independentemente do que você definir para fumar, esteja ciente dos alarmes de fumaça e não atinja outras pessoas ou animais de estimação com o fumo passivo.

Conforme mencionado anteriormente no tópico "Fogo", algumas pessoas associam espadas ao elemento Ar, enquanto para mim, o Ar representa a própria natureza das ideias, que são invisíveis até que ajamos sobre elas, da mesma forma que não vemos o vento soprando, a menos que possamos notar as árvores se movendo ou senti-lo em nossa pele. O ar também é necessário para que o fogo exista, de modo que as ideias entram em ação. Sigilos destinados a provocar novas ideias, gerar novos padrões e causar mudanças sutis podem ser muito bem desenhados com ar ou fumaça.

Ervas

A maioria das ervas secas vem bem triturada, então você pode colocá-las em um cone de papel para polvilhar na forma do seu sigilo. Se estiver fazendo isso do lado de fora, deixe os elementos naturais agirem depois de terminar. Se estiver fazendo dentro de casa, certifique-se de não polvilhar nada que seja venenoso para animais de estimação ou crianças, e de que possa aspirar ou varrer depois. Pode também moer as ervas para deixá-las mais finas, adicionar um pouco de água e transformá-las em uma pasta que pode ser adicionada em um saco de confeitar (para desenhar em um bolo) para maior controle. Isso pode tornar mais fácil desenhar o sigilo, que então secará, quebrará e desaparecerá do lado de fora.

Use as ervas relacionadas ao propósito do seu sigilo. Por exemplo, você pode usar lavanda para um sigilo de cura ou calmante, alecrim para um sigilo de manter a memória, valeriana para um sigilo de sono repousante, sândalo para um sigilo de proteção, jasmim para um sigilo de amor e verbena para um sigilo de inspiração. Verifique no seu livro de Bruxaria favorito as ervas cujas correspondências se alinham com o seu sigilo.

Plantando um Sigilo

Plante um Sigilo

Este é um método bastante direto e tecnicamente produz resultados visíveis, mas a menos que você esteja fazendo seu sigilo do tamanho de um grande campo com plantas que vão se destacar, a maioria das pessoas não vai notar. A ideia aqui é usar sementes ou mudas para desenhar seu sigilo no solo e então cuidar delas para que criem raízes e cresçam. Conforme as plantas crescem, seu sigilo é reconhecido. Esse método de aplicação é melhor usado para objetivos de longo prazo que você se dedica a alcançar – de preferência plantando em sua própria terra ou em algum lugar onde possa cuidar das plantas regularmente. Definitivamente, requer um investimento de tempo e esforço, portanto não é para algo de que você precisa imediatamente.

Há uma grande variedade de opções a considerar ao escolher plantas para fazer seu sigilo. Desde a escolha da cor de suas folhas ou flores (seguindo as sugestões no tópico "Cores" no capítulo 2), até plantar ervas que se correlacionam com o propósito do seu sigilo (veja o tópico "Ervas" anteriormente neste capítulo). Pode cultivar plantas que produzem frutas ou vegetais que pode consumir ou compartilhar mais tarde (consulte o tópico "Outros Deliciosos Sigilos" mais adiante neste capítulo).

Outra opção seria semear as sementes em outro lugar (na natureza, um terreno público, etc.) e deixar a natureza seguir seu curso. Obviamente, a mentalidade por trás de um método único como este é muito diferente de um mais permanente, como cuidar de um jardim ao longo do tempo, então a intenção/propósito do sigilo seria um pouco mais "se o destino permitir". Francamente, esse método também pode ser usado para um sigilo de dissidência (algo que tem como objetivo iniciar a disseminação de novas ideias ou combater o sistema) no estilo guerrilha. Basta ser responsável e preocupado com a segurança. Por falar nisso, não introduza espécies invasivas de plantas – especialmente apenas para irritar alguém ou algo. Lembrete: muitas vezes você colhe o que planta, literalmente ou não.

Para os Pássaros

Alpiste

Quer que seu sigilo voe e crie raízes? Use alpiste para delinear seu sigilo e deixe os pássaros fazerem o resto! Todo mundo fica feliz – incluindo os esquilos e outros pequenos mamíferos. (Ok, isso pode não deixar seus vizinhos humanos muito felizes, então interprete isso como quiser.)

Outros deliciosos sigilos

Por que apenas os pássaros e os pequenos animais peludos deveriam se divertir tanto? Uma maneira incrível de aplicar o seu sigilo é absorvê-lo em seu próprio corpo comendo-o (ou bebendo, como mencionei anteriormente no tópico "Água"), o que o torna parte do seu corpo e, tecnicamente, você não o vê novamente. Claro, o sigilo que escolher comer ou beber deve ser uma coisa positiva que está internalizando conscientemente – seja para ajudar seu corpo físico ou para seu bem-estar mental/espiritual.

Então, se magia da cozinha é a sua preferida, há uma infinidade de maneiras de comer seus sigilos, que podem ser feitos com cobertura, calda de chocolate, chantilly, açúcar de confeiteiro ou canela em pó – e, tenho certeza, com outros itens salgados também. O sigilo pode ser visível no prato como um desenho, ou algo que está escondido ou queimado em camadas. (Só não vá esculpindo obsessivamente em seu purê de batatas na mesa de jantar.) Se lhe falta muita habilidade culinária, mas pode manipular habilmente uma garrafa de mostarda, ketchup ou outro condimento, então você pode desenhar um sigilo em seu cachorro-quente ou sanduíche. Sigilo, queijo suíço e sanduíche de salame, servidos?

Preto Sobre Preto

Na verdade, esta opção não é específica apenas para a cor preta, mas se refere à ideia de que você está fazendo seu sigilo com algo que é da mesma cor da superfície em que está desenhando. Portanto, desenhar com um marcador preto permanente no plástico preto de sua mesa ou cadeira é uma maneira de fazer isso. Existem marcas de marcadores de tinta à base de óleo que vêm em uma variedade de cores, então você pode testá-los primeiro para ver se eles funcionarão para qualquer coisa que precise para desenhar seu sigilo. A ideia é saber que o sigilo está lá, mas que não é fácil de vê-lo. Esta técnica é especialmente útil em situações em que não quer explicar o seu sigilo a ninguém ou responder constantemente: "O que significa esse símbolo?"

Limpeza e Purificação

É possível incorporar sigilos nas tarefas de limpeza, basicamente fazendo uma dupla função. Sabão líquido e outros tipos de produtos facilmente manipuláveis para fazer formas (como um spray ou polidor de móveis) podem ser usados para desenhar sigilos na superfície que você está limpando. Use sigilos de proteção em pisos e janelas, sigilos de harmonia e comunicação em mesas e sigilos de produtividade ou relaxamento em cadeiras. Você também pode esculpir uma barra de sabão com um selo e usá-la para lavar. Escolha um perfume ou mistura de ervas que realce o seu sigilo. É um bônus se você mesmo fizer o sabonete ou adquiri-lo de alguém que os faça manualmente.

Sigilos na pele

Vimos uma variedade de aplicações de sigilos que envolvem tanto a fabricação de um item físico quanto a criação de itens que devem ser temporários ou invisíveis em seu ambiente. Agora vamos olhar para um tipo diferente de tela para o seu sigilo: seu corpo.

O Sigilo Tatuado

Às vezes você é compelido a criar um sigilo que sabe que quer fazer parte da sua pele. Para muitos praticantes, as tatuagens não são apenas decoração – elas têm significados espirituais e sagrados e marcam as diferentes partes de nossas vidas. Essas tatuagens são para nossos próprios olhos, em lugar de ser algo feito para ser exibido como adorno. Não estou depreciando esse tipo de tatuagem, mas, sim, apontando que muita consideração e introspecção é necessária para colocar uma tatuagem de sigilo em seu corpo.

Tenho três tatuagens de sigilo no momento em que estou escrevendo isto, e é bem possível que terei mais quando você tiver este livro em suas mãos. Minha primeira tatuagem de sigilo foi a que desenhei para meu esterno. Ela incorpora algum simbolismo Norte-Africano (parte de minha herança e a herança de meus mentores na época que me ajudaram a ter certeza de que o alinhamento estava correto) e imagens relevantes para a Tradição Moderna da Bruxaria. Seu objetivo é proteger e guiar meu coração e fortalecer minha identidade, pois no momento em que foi feita, eu estava passando por uma fase muito difícil na minha vida. Minhas tatuagens do segundo e do terceiro sigilo foram feitas juntas e estão localizadas no topo das minhas coxas. O local foi inspirado em grande parte por uma de minhas próprias pinturas, então é o subconsciente trabalhando. O objetivo delas é equilibrar os lados esquerdo e direito do meu cérebro e me ajudar a me concentrar no meu caminho.

Nenhuma delas foi feita com o pensamento inicial de "Eu quero fazer uma tatuagem – o que deveria ser?" Há muitas tatuagens que eu fantasiei ao longo dos anos, mas que ainda não fiz. Em vez disso, essas tatuagens surgiram porque tive uma imagem muito firme e clara de que isso era algo que eu *precisava* fazer. E então elas foram colocadas em ação, não muito depois que a ideia surgiu na minha cabeça.

Elas também foram criadas para serem coisas com as quais estou pessoalmente comprometida pelo resto da minha vida.

Foto das Tatuagens nas Pernas da Autora

Desenhei também uma série de sigilos para clientes que estavam destinados a serem tatuados. Ou às vezes um cliente encomenda um sigilo porque sabe que precisa dele e depois decide tatuá-lo também. O sigilo de poder que criei e lancei em novembro de 2016 também foi tatuado em algumas pessoas por ter chamado a atenção delas. Acredito que, no final, se tiver uma forte vontade de ter uma tatuagem de sigilo em particular, já conheça seu caminho e seu corpo. Não é muito provável que vá se arrepender mais tarde na vida.

Como você deve ter adivinhado, eu sou totalmente a favor de tatuagens de sigilos, se isso lhe fizer sentido. O conceito pode parecer confuso se você está acostumado a um método de sigilo que diz que deve ser queimado, mas como informei, esse nem sempre é o melhor curso de ação.

Portanto, se você está pensando em fazer uma tatuagem de sigilo, aqui estão algumas coisas a considerar:

- O que o sigilo fará por você?
- É algo que você deseja manter definitivamente em seu corpo?
- Para onde isso o(a) levará e por quê?
- Pode ser visto ou precisa ser escondido?
- Qual deve ser a cor?

Dica: ao escolher um tatuador, certifique-se de procurar alguém que faça um trabalho excepcionalmente claro e limpo. Você deseja ver linhas consistentes e até mesmo fortes, bem como uma demonstração de conhecimento sobre como a obra irá envelhecer com o tempo. Caso contrário, pode acabar com linhas borradas ou confusas, mais cedo ou mais tarde. Procure ver exemplos cicatrizados de seu trabalho. Encontre-se com esse tatuador e veja se está confortável com ele e seu espaço de trabalho. Se não parecer certo, encontre outro artista. Há um bom número de artistas por aí que entendem de ritual e espiritualidade em relação a tatuagens – então você definitivamente vai querer encontrar um desses!

Sigilos de Hena

Talvez você tenha se apaixonado pela ideia de ter um sigilo em sua pele, mas não pode ou não quer tatuá-lo. Então a hena é uma possibilidade. Hena tem sido usada por séculos para tingir pele, cabelo, unhas e tecidos – do Norte da África ao Oriente Médio ao Sul da Ásia – por uma extensa variedade de culturas e religiões. À medida que pessoas dessas áreas migraram, a hena veio com eles e desenvolveu outra camada de arte própria. Hoje em dia, encontramos artistas de hena em feiras de rua, festivais, convenções e lojas.

A pasta de hena real é feita da planta *Lawsonia inermis* e é cuidadosamente aplicada na pele em desenhos e padrões. Depois, quando seca e descamada, a hena deixa a pele tingida com uma tonalidade laranja-avermelhada, que pode durar várias semanas. A hena também pode ser usada para pintar ossos, peles de tambores e outras fibras naturais e é normalmente aplicada com um cone ou tubo de seringa sem agulha para fazer linhas finas e pequenas marcas, o que é ótimo para sigilos! Mas é preciso muita prática para pegar o jeito. Pode ser difícil encontrar hena fresca e de boa qualidade – e você não saberá até que o desenho descole se ela era boa ou não. Tente evitar também a "hena negra", porque ela não é feita da planta, mas de produtos químicos não naturais que podem causar irritação severa na pele.

Se hena é algo que interessa a você, recomendo ver se há algum artista em sua região e depois conversar com eles. Eles costumam oferecer aulas e sessões de treinamento – e há até conferências de hena onde os artistas se reúnem para falar sobre seu ofício.

Sigilos de Maquiagem

Talvez você queira colocar um sigilo em sua pele temporariamente – apenas por uma noite ou por uma semana. Recorra então, à ferramenta dos góticos em todo o mundo: a caneta ou lápis delineador. NYX, Wet'n Wild e outras marcas de maquiagem de baixo custo, comumente encontradas em drogarias, fazem lápis delineadores em uma ampla variedade de cores – até mesmo metálicos! Existem até canetas de glitter e pincéis se você precisar colocar seu próprio glitter. O problema com a maquiagem é que ela sai e transfere – e se você estiver colocando isso em algum lugar sob as roupas, provavelmente vai manchar também. Além disso, eu não espero que as pessoas andem por aí com sigilos de glitter em suas testas no trabalho. Mas às vezes a pessoa deseja desenhar um sigilo em si mesmo para um ritual ou outro propósito especial, mas não o quer para sempre. Então, a maquiagem vai ser uma opção viável que pode funcionar bem para essa necessidade temporária.

Reconhecendo seu sigilo

Agora que lhe dei muitas ideias para considerar a aplicação do seu sigilo, vamos olhar algumas maneiras fáceis para reconhecê-lo – se isso for parte de seu plano. O propósito do reconhecimento é se reorientar com o sigilo, para que você possa estimular sua memória e o processo mágico. Também infunde o sigilo com mais energia e intenção, renovando-o ou revitalizando-o.

Reconhecimento Visual

Com a versão mais simples do sigilo, apenas o mero ato de desenhá-lo no papel e colocá-lo onde você o verá regularmente, fará o truque. Mesmo que você não o veja diretamente, ele ainda está no campo de visão do seu cérebro. Seja em uma peça de roupa, em uma joia ou em uma pintura em seu altar – mais uma vez, esse contato físico e visual aciona o sigilo.

Traçado

Se sentir que precisa de algo mais prático do que isso, pode traçar seu sigilo. Isso pode ser feito de forma invisível com o dedo em uma superfície plana – vendo o sigilo em sua mente. Ou com uma caneta ou lápis (ou ponta do dedo), você pode desenhar sobre uma cópia existente de seu sigilo, meditando sobre ela. Se digitalizou seu sigilo ou tem uma fotografia digital dele, pode traçá-lo com o dedo na tela de um tablet. Se tiver uma caneta, poderá fazer o mesmo com um tablet ou na tela do computador.

Unção

Para sigilos que estão na pele, você pode untá-los com óleos essenciais uma vez que estejam devidamente cicatrizados. Na verdade, durante o processo de cicatrização, ao usar a pomada ou unguento adequado que seu tatuador recomenda e as mãos limpas, ainda estará fazendo uma conexão mental mão-olho-sigilo. Você pode usar óleo também para desenhar um sigilo em seu corpo, de modo que ele seja absorvido pela pele. Em uma linha semelhante, poderia esculpir o sigilo em uma barra de sabão com a qual se lava diariamente.

Renovar

Se você fez um daqueles tipos de sigilos mais "invisíveis" e sente que ainda é necessário mais trabalho, pode voltar e fazer novamente. Isso funciona para bênçãos e proteção de casas, redesenhando o sigilo onde é necessário. É basicamente como cuidar da casa: certificar-se de que tudo está limpo e em ordem.

Consumindo

Com base no conceito de renovar, lembra daqueles sigilos deliciosos? Através do processo de comer ou beber o sigilo, pode visualizá-lo se tornando parte de si mesmo, entrando em sua corrente sanguínea. Ou pode ritualizar o processo e torná-lo um lembrete diário. Por exemplo, pode assar um lote de biscoitos e adicionar uma cobertura com o desenho do seu sigilo. Depois, por sete dias, pode sentar-se confortavelmente às 19 horas e comer um daqueles biscoitos, saboreando o gosto e visualizando os efeitos. Pode também marcar um sigilo em uma barra de chocolate e comer um quadradinho por vez.

Sigilos Devocionais

Os sigilos devocionais são uma conexão pessoal ou um tipo de contrato entre si mesmo e um espírito ou divindade. Algumas divindades têm sigilos de sua preferência e podem revelá-los a você – seja por meio de um sonho, ou visão, ou chamando sua atenção para isso em suas viagens diárias. Extrair seu sigilo é uma forma de evocação ou invocação, dependendo do espírito ou da energia divina com que está trabalhando e do seu propósito. Quando usado em um contexto ritual, o sigilo pode ser visto como uma espécie de portal ou ponte entre os mundos. Também pode ser usado para comunicação, proteção e orientação fora dos ambientes rituais definidos.

Enquanto os outros tipos de sigilos sobre os quais falamos se concentram em ganhar poder sobre você e seus arredores, o sigilo devocional é melhor visto como um compartilhamento de poder ou energia. Para alguns praticantes, este é um ato de adoração. Nós, Bruxas das Tradições Modernas, vemos isso como uma parceria ou relacionamento que flui nos dois sentidos. Mostramos honra e respeito às divindades e espíritos e os ajudamos quando podemos. Por sua vez, eles também nos orientam e ajudam.

Se você tem trabalhado com uma divindade ou espírito específico e ainda não desenvolveu um sigilo com o qual ambos concordem, pode usar o seguinte ritual.

Ritual de desenho devocional

Prepare o espaço em que está trabalhando como faria para qualquer ritual que requeira a criação de uma esfera sagrada de energia. Pegue um caderno de desenho de tamanho decente e uma caneta ou marcador novo – não vai pegar algo que quebre, vaze ou escorra facilmente em você. Prepare uma área central confortável para desenhar e um travesseiro adjacente (para o seu convidado). Certifique-se de que a iluminação seja apenas o suficiente para poder ver – nem muito clara nem muito escura. Monte um altar ou santuário com itens relacionados ao espírito ou divindade com que está trabalhando. Certifique-se de que está confortável e diretamente em frente de sua área de desenho. Coloque uma vela branca que dure pelo menos uma hora entre você e o altar. Projete o espaço e centre-se no meio, com seus materiais de desenho por perto. Respire fundo três vezes e acenda a vela branca. Diga:

Ó (nome do espírito ou divindade),
venha até mim pela luz da vela no altar.
Que seu poder e sua vontade eu possa alcançar.
Com uma linha firme minha mão a guiar.
Hoje à noite o seu sigilo venha desenhar.

Você pode repetir isso até três vezes se sentir a necessidade de fazê-lo.

Segure a caneta no papel e deixe o braço de desenho ficar solto e relaxado. Sua mão pode começar a se mover para executar a escrita automática – deixe-a fazer o que quer, apenas certifique-se de que permanece no papel. Você pode começar a ver formas em sua mente e ser compelido a deixar sua mão traçá-las. Ambos são opções prováveis. Apenas tome o seu tempo e não se apresse, nem tente corrigir demais ou analisar enquanto acontece. Quando sentir que chegou ao fim, feche o caderno e expresse sua gratidão e apreço pela energia com a qual trabalhou. Apague a vela e limpe o seu espaço.

Recomendo realizar este ritual uma a duas horas antes do horário em que normalmente vai para a cama. Então poderá ver se consegue mais informações durante o sono. De manhã, concentre-se, abra seu caderno e considere os desenhos, compare-os com qualquer outra coisa que possa ter visto em seus sonhos. A partir daí, medite sobre as imagens e crie o sigilo.

Sigilos em movimento

Embora isso não seja exatamente fácil de abordar em formato de livro, quero falar um pouco sobre como incorporar sigilos ao movimento. Como alguém que também é dançarina profissional, acredito totalmente que incorporar movimento ao ritual é uma maneira poderosa de incorporar a magia. Uma das coisas que mais gosto de ensinar é como usar movimentos básicos para fazer uma conexão mente-corpo-espírito mais forte e obter alguns resultados surpreendentes. Quando você está ciente de todo o seu corpo, dos dedos dos pés e calcanhares ao topo da sua cabeça, é muito mais fácil estar envolvido com o que está fazendo. A dança do corpo humano também envolve a criação de formas no espaço. Pode desenhar linhas e ondas com as mãos, braços e pernas, traçar círculos e formas como oitos com os quadris e muito mais.

Com isso em mente, pode usar parte ou todo o seu corpo (dependendo da sua amplitude de movimento) para "desenhar" o seu sigilo. A maneira mais fácil seria usar sua mão ou braço para traçá-lo no ar à sua frente. Você pode "caminhar" seu sigilo – traçando-o em passos de memória ou desenhando-o no chão com giz ou gravando-o em uma praia arenosa e, em seguida, caminhando como se fosse um labirinto. Basta torná-lo grande o suficiente para fazer isso facilmente. Além disso, saber quando começar a projetar o sigilo que planeja percorrer pode ser muito útil, considere isso enquanto o desenha para que seja mais fácil avançar. Pense sobre as diferentes partes do sigilo enquanto processa através delas – ou, melhor ainda, apenas se concentre na mensagem geral enquanto o percorre.

Mas antes de fazer qualquer coisa com seu corpo, certifique-se de estar presente nele primeiro. Isso pode parecer bobo ou óbvio, mas é muito fácil apenas seguir em frente ao invés de sentir ativamente o que está fazendo com seu corpo. Incluí aqui um esboço do que abordo quando ensino isso pessoalmente. (Se precisar de mais ajuda visual ou audível, dê uma olhada no meu DVD *DecoDance*. Eu abordo este exercício em meus pontos para postura, bem como ensino muitos movimentos pequenos e grandes que você pode usar para incorporar um sigilo. Acompanha também um CD de música para trabalhar com ele. Ok, a autopromoção sem vergonha fica por aqui!)

Sigilos em Movimento

Esteja presente no seu corpo durante o exercício

Para começar: se possível, fique em pé, de preferência sem sapatos (tudo bem ficar com as meias). Se não conseguir ficar de pé, sentar também vai funcionar. Pode ser útil colocar uma música instrumental com uma batida lenta e constante, ou uma que cresça lentamente até uma velocidade confortável. Mais importante ainda, ouça o seu corpo e não faça nada que o incomode ou machuque.

1. Primeiro, respire fundo e solte o ar em uma contagem de três a quatro segundos. Respire fundo uma segunda vez e solte o ar em uma contagem de seis segundos. Em seguida, respire profundamente pela terceira vez e, lentamente, expire por cerca de oito segundos.
2. Em seguida, concentre-se em seus pés. Balance seu peso para que mude dos dedos dos pés para os calcanhares e para trás, lenta e suavemente. (Se estiver sentado, flexione os tornozelos para rolar os pés contra o chão da mesma maneira.) Pense na temperatura e na textura do chão ao fazer contato com ele.
3. Traga o foco dos pés até os tornozelos e panturrilhas, movendo-se lentamente, apertando e liberando os músculos das panturrilhas.
4. Em seguida, dobre e estique os joelhos suavemente, sem travá-los em nenhuma das posições. Pense fluido e ondulante, como flutuar na água sobre pequenas ondas.
5. De joelhos, concentre-se na parte frontal das coxas (quadríceps) e nas costas (glúteos). Muitas vezes ajuda se colocar as mãos sobre essas partes de si mesmo, concentrando-se em como elas são sentidas quando se contrai os músculos. (Quantos exercícios rituais incluem agarrar sua própria bunda?)
6. Mova-se até os quadris e certifique-se de que a pélvis esteja em uma posição neutra – não estendida demais para a frente ou muito dobrada para trás como um pato. Você pode fazer isso envolvendo os músculos abdominais inferiores (como se alguém

fizesse um movimento para lhe dar um soco no estômago e você se encolhesse para se proteger) ou colocando a mão na base da coluna, com os dedos apontando para baixo. Se seus dedos estão apontando diretamente para o chão, você está quase neutro.

7. Verifique novamente as partes do corpo que cobrimos até agora – pés, panturrilhas, joelhos, quadríceps e glúteos – e depois concentre-se na barriga. Respire fundo e visualize seu umbigo como uma "área receptora" – como um ouvido que escuta o mundo.
8. Em seguida, mova o foco para o peito, onde está o esterno (osso do peito). Respire fundo e visualize a projeção de seu peito – vendo-a como a "zona de fala" enquanto você expira. Certifique-se de que seus ombros não estão curvados para a frente ou muito para trás. Você conseguirá respirar profundamente se eles estiverem na posição correta.
9. Agora mude sua atenção do peito, passando pelo centro do pescoço, até a cabeça, e expanda a partir do topo da cabeça, pensando em alcançar o céu. Em seguida, inspire novamente e envie a respiração pela espinha até os dedos dos pés. Você deve sentir uma sensação de conexão do topo da sua cabeça até os pés.
10. Inspire profundamente mais uma vez e visualize a energia subindo dos dedos dos pés, joelhos, quadris, tórax e braços até a ponta dos dedos. Permita-se estender os braços totalmente para cima, tendo consciência de todo o braço – ombro com cotovelo, pulso e dedos. Agora você está totalmente em seu corpo e pronto para se mover!

Quer você decida ou não colocar seu sigilo em movimento, ainda recomendo fazer este exercício. Depois de registrada a sua intenção, é algo que você pode fazer em apenas alguns minutos, todos os dias. Pode ser útil como parte de uma rotina matinal de equilíbrio para colocá-lo em movimento. Ou você pode usá-lo no final do dia, antes de ir para a cama, para acalmar sua mente. É um exercício fantástico para praticar em grupo antes de qualquer tipo de trabalho ou ritual.

Comparando métodos de sigilos

Antes de terminar este capítulo e entrar nos aspectos técnicos da Magia de Sigilos, gostaria de falar um pouco sobre por que esse método é tão eficaz – não apenas para mim, mas para todas as outras pessoas para as quais eu o ensinei.

Em primeiro lugar, a magia com sigilo é um sistema que desenvolvi intuitivamente ao longo dos anos, através da combinação de meu treinamento em belas-artes e prática pessoal da Tradição Moderna da Bruxaria. Quando você estuda extensivamente a história da arte – observando como, onde e por que a arte foi feita por humanos em todo o Planeta – começa a entender a razão pela qual a criamos e o poder que é inerente a ela.

Então, quando você estuda a história e a prática da Bruxaria folclórica e mítica em suas muitas formas em todo o mundo e vê correlações semelhantes. Procuramos influenciar a nós mesmos, nossa sociedade e o mundo em que vivemos – para trocar poder e energia com eles. Fazemos isso desde que começamos a olhar a vida de maneiras mais abstratas: imaginando por que estamos aqui, o que é vida, o que é morte, qual é o significado de tudo, quem nos criou? Essa é a lente através da qual vejo tanto a arte quanto a Bruxaria.

Isso quer dizer que meu relacionamento com os sigilos se desenvolveu de maneira diferente do que é padrão para os ocultistas. Nunca gostei de magia cerimonial e não tenho vergonha de dizer isso. No entanto, ao estudar o desenvolvimento da Bruxaria moderna, Wicca e Neopaganismo em geral, pesquisei exaustivamente as sociedades e os sistemas que as alimentavam: Agripa, Alquimia, Blavatsky, Crowley, a Golden Dawn, Maçonaria e assim por diante até o fim do alfabeto. Eu os entendo e os aprecio pelo que são, mas me dê folclore e práticas extáticas e imediatamente sujo as minhas mãos com pigmentos e raízes sem as armadilhas extras.

E embora eu tenha ouvido falar sobre magia do caos por anos, minha reação instintiva a ela é semelhante à da magia cerimonial. Posso apreciar as teorias e os sentimentos, mas muitas das personalidades e pontificações em torno delas realmente me desligaram repetidamente. Não foi até depois que as pessoas começaram a me pedir para ensinar meu método de criação de sigilos que eu tive que olhar para as abordagens mais comumente conhecidas – principalmente aquelas popularizadas pelos escritos de Peter J. Carroll e Kenneth Grant com base no trabalho dos artistas e ocultista Austin Osman Spare (AOS). Spare aparentemente ficou desiludido com a magia cerimonial e com os ocultistas de personalidade depois de lidar com Crowley – o que me faz imaginar o que ele pensaria desse ramo do ocultismo hoje. Olhando para a história e o escopo da Arte e dos interesses de Spare, acredito que sua abordagem pessoal para a criação de sigilos provavelmente estava muito relacionada à minha. Seu trabalho é extremamente orgânico, em camadas e de natureza visionária. Tenho uma teoria de que, estando cercado por profissionais da palavra e pessoas intelectuais que não eram artistas, ele foi questionado sobre como fez o que fez. (Ah, sim, a temida pergunta "explique sua Arte"!) E então ele desenvolveu algumas instruções que funcionariam melhor para eles e soariam mais concretas do que "apenas fiz o que veio naturalmente para mim".

Na verdade, depois que tive a revelação sobre o método de Spare, enquanto escrevia o primeiro rascunho deste livro, decidi ver se conseguia descobrir mais sobre meu palpite. Parecia tão óbvio para mim, mas talvez eu estivesse errada! Eu encontrei algumas citações tiradas do livro *The Book of Pleasure* de Spare, referenciadas on-line em vários lugares por magos do caos, que pareciam contraintuitivas para minha teoria. Então consegui uma cópia deste livro para ler na íntegra. É bastante claro para mim que é definitivamente algo que um artista apaixonado e esotericamente inspirado escreveria em seus vinte e poucos anos, tentando deixar sua marca no mundo. Está impregnado de uma mistura de linguagem vaga, misticismo e ira. (Acho que AOS era um artista muito melhor do que um escritor.) É fácil ver por que existem tantas interpretações diferentes de seu trabalho, porque é um tanto complicado e confuso, mas a linguagem fica imensamente mais clara quando ele começa a falar sobre sigilos no tópico

"Sigilos. Fé com Proteção": "Vou agora explicar sua criação e uso; não há dificuldade nisso, quão puro e claro tudo isso é.[25] Por amor aos meus devotos inexperientes, eu o inventei."[19]

É ISSO! Aí está! Tradução: "Sigilo para mim *é* uma coisa tão fácil de fazer que nem preciso pensar a respeito. No entanto, desenvolvi um método para tentar explicar aos meus amigos como fazê-lo".

Na *nota 25* anexada, Spare deixa cair a mortalha mística de linguagem esotérica vaga e diz assim: "Por este sistema, você sabe exatamente com o que (você acredita que) seu Sigilo deve se relacionar. Se você usasse qualquer forma de maneira estúpida, possivelmente poderia 'conjurar' exatamente o que não queria – a mãe da insanidade ou o que sempre acontece, então, absolutamente nada. Sendo este o único sistema, qualquer resultado diferente dele é acidental. Além disso, você não precisa se vestir como um mago tradicional, feiticeiro ou sacerdote, construir templos caros, obter pergaminho virgem, sangue de cabra preta, etc., etc., na verdade, nada de coisas teatrais ou farsantes."

Por que ele não escolheu escrever o resto do livro como escreveu esta nota, eu não sei. Prefiro tomar um drinque com Austin, autor da sarcástica *nota 25*, do que com o Austin que escreveu o resto do livro (o que sugere a necessidade de beber apenas para compensar a dor de cabeça que se tem ao lê-lo).

Para poupar Spare, vou resumir meu entendimento de sua escrita sobre a confecção de sigilos. Ele acreditava que sigilos funcionam melhor acessando a mente inconsciente do que fixando-os ativamente em uma ideia. De acordo com ele, os sigilos são mais bem elaborados em estados semelhantes ao transe, em estado de extrema exaustão ou no momento da liberação sexual – todos os pontos onde a mente consciente se solta e o lado do pensamento subconsciente, inconsciente ou não ativo assume o controle. Ele achava melhor "apagar" o sigilo, para que você não fique pensando constantemente sobre ele. Eu não acredito que ele estava sendo tão

19. N.R.: esta nota se refere ao trecho citado e foi explicada na sequência do texto pela autora.

literal sobre apagar o sigilo, significando que você deveria destruí-lo ou queimá-lo. Ao invés disso, acho que ele pretendia ficar relaxado e, depois de terminar o trabalho, seguir em frente conforme necessário. Não se preocupe, não se aborreça ou fique muito preso a isso.

Tanto como artista visual quanto performático, os vários estados de transe/não-pensar-em-nada fazem todo o sentido para mim. Quanto mais consciente você estiver do que está fazendo, mais o lado esquerdo do cérebro pode inibir sua capacidade de explorar sua tarefa. O cérebro esquerdo analisa e seleciona tudo, enquanto o cérebro direito se deleita com as sensações, olhando para a imagem geral em vez das partes minúsculas.

Cérebro esquerdo versus cérebro direito?

Agora é o momento perfeito para observar como funcionam os hemisférios esquerdo e direito do nosso cérebro. Não é que tenhamos dois cérebros diferentes em nossos crânios, ou que tudo seja tão simples. Em lugar disso, o conceito de cérebro esquerdo/direito é uma boa maneira de ver os padrões de pensamento, como processamos informações e nos relacionamos com o mundo ao nosso redor.

Nosso cérebro esquerdo analisa os detalhes. É o centro da linguagem e do pensamento em palavras, assim como lógicas, matemáticas e explorações lineares. Ele adora ordem e fatos. O cérebro direito equilibra isso pensando em imagens e olhando para a imagem inteira. É o centro da imaginação e da criatividade, as artes expressivas não verbais, emoções, ritmos e melodias. Algumas pessoas estão tão profundamente enraizadas em um lado do cérebro que algumas atividades envolvendo o hemisfério oposto podem ser difíceis para elas – não impossíveis, mas não exatamente confortáveis, e é preciso algum treinamento e prática para superar essa dificuldade.

Em 1979, a Dra. Betty Edwards publicou um livro inovador sobre como aumentar a criatividade e melhorar as habilidades de desenho, chamado *Desenhando com o Lado Direito do Cérebro*. Nele, ela explora uma variedade de técnicas e exercícios que ajudam a estimular e aprimorar o lado direito do cérebro. O livro traz algumas fotos realmente impressionantes de antes e depois de trabalhos reais de pessoas que utilizam suas sugestões. O que isso tem a ver com Spare e os magos do caos que modelaram a técnica do sigilo em seus trabalhos? Acredito que ele criou a técnica da letra inicial como uma forma de ajudar a impulsionar os pensadores do cérebro esquerdo. Elaborar uma afirmação e, em seguida, remover todas as vogais e consoantes extras forçam você a olhar para essas letras como formas. Ele lhe dá o desafio de torná-lo uma imagem em um momento MacGyver. Para fazer uma imagem, você precisa acessar o hemisfério direito e acessar a parte mais intuitiva do seu cérebro, que é a chave para a magia. É uma ferramenta para ajudá-lo a se acostumar a pensar nas imagens como tendo significado, em vez de pensar sempre em palavras.

Mas se você já é adepto do uso do lado direito do cérebro, especialmente para arte e magia, então esse método não vai parecer muito intuitivo. Ele pede que você faça uma declaração significativa, tire seu significado e, em seguida, reatribua significado a ela. É muito para trás e para frente. No entanto, ao associar palavras com imagens, e essas imagens podem ser fundidas para criar o seu sigilo, você está fazendo uma caminhada direta da esquerda para a direita do cérebro. Esta progressão constante de pensamento analítico para imagens intuitivas é o que tem tudo a ver com a Magia de Sigilos. Parece muito mais imediato e dinâmico.

É como a diferença entre executar a coreografia pensando passo a passo e realmente dançar com a música e sentir os movimentos. Aprender como fazer as etapas é parte integrante do processo, mas você precisa ser capaz de conectar essas etapas com o sentimento e um significado abrangente para dar vida à dança. E às vezes você precisa jogar fora a coreografia e apenas se mover com a música.

Com tudo isso dito, há uma coisa muito importante a se ter em mente: todos entendem as informações de uma maneira um pouco diferente. Não existe uma abordagem errada. Todos elas levam você ao mesmo lugar – assim como caminhar, andar de bicicleta, dirigir um carro ou pegar um avião podem levá-lo aonde precisa ir. Todos são formas de transporte, mas algumas podem ser mais eficientes ou melhores em termos de tempo, distância, orçamento, saúde ou meio ambiente. Ainda assim, no final, todas são escolhas. O método de sigilo que funciona melhor e é bem-sucedido para você será o certo.

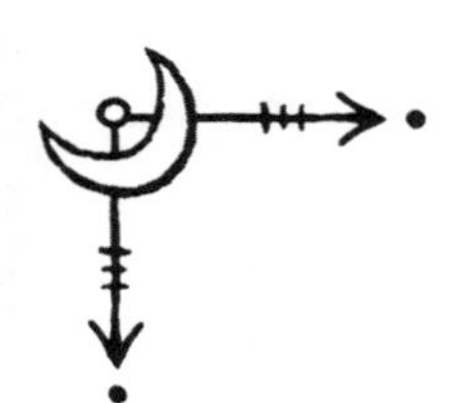
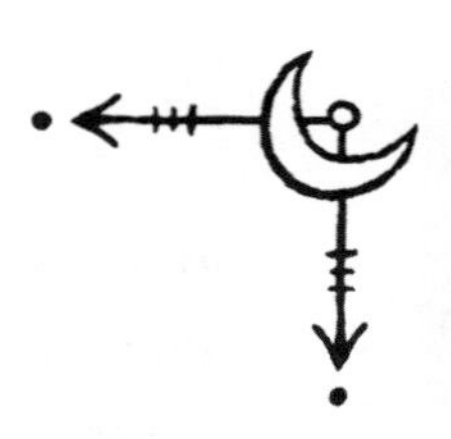

Capítulo 4

Guia para Desenhar

Agora que já falamos das marcas, das formas, dos símbolos e aprofundamos os porquês e "comos" da magia com sigilo, vamos entrar no estúdio da designer (também conhecido como a Cabana da Bruxa). Vou compartilhar com vocês o que faço para fazer sigilos do ponto de vista técnico. Também fornecerei dicas e truques para tornar o processo mais fácil para você aprender e ter confiança. E ainda exploraremos o fabuloso mundo dos suprimentos de arte para que você compreenda melhor quais materiais pode escolher para trabalhar.

Preparação para a magia de sigilos

Não há muito alarde quando eu sento para desenhar sigilos, quando os crio para mim ou para qualquer outra pessoa. O mais importante é ter papel suficiente para desenhar, uma caneta confiável e um lugar confortável para trabalhar. Assim que começo a desenhar, o resto do mundo desaparece. Mas também eu desenho durante a maior parte da minha vida – uma espécie de estado de transe surge naturalmente assim que a caneta toca a superfície do papel.

Se desenhar não é o seu forte (ainda!), pode ser necessário reservar um tempo para preparar um espaço limpo e claro para o processo. Torne o ambiente confortável (iluminação, som, cadeira, mesa, aquecimento chá, gato), reúna o material de desenho e sente-se. Feche os olhos e respire três vezes, cada uma um pouco mais profunda e mais longa que a anterior. Em seguida, abra seu caderno de desenho, pegue algo para desenhar e marque seu papel com a data. (Pode adicionar também a hora e o local se desejar – é muito bom ter essa informação quando olhar para trás mais tarde.) Então considere o sigilo que vai fazer, passando pelas etapas que falamos no capítulo anterior. Se o sigilo for para outra pessoa, coloque o nome dela ao lado e comece a fazer sua lista de palavras. Considere as marcas, formas e símbolos que essas palavras representam e construa seu sigilo. Trabalhe nisso até obter um desenho que agrade. Com o tempo, conforme trabalha mais com sigilos e desenho de magia, sua mente e corpo reconhecerão o que pretende fazer e, naturalmente, entrarão nesse estado de transe de luz.

Uma esfera sagrada instantânea

Talvez você sinta a necessidade de criar um espaço sagrado ao seu redor enquanto trabalha, mas não quer entrar no processo de lançar ritualmente um círculo ou dispositivo semelhante. A ideia por trás do lançamento de círculos é criar um contêiner que proteja de duas maneiras: mantendo tudo o que está acontecendo dentro do espaço e evitando que influências externas perturbem o trabalho. Embora você possa invocar as quatro direções cardeais em combinação com os elementos, é, de fato, uma esfera que está construindo, não um quadrado plano. Se você viajar para longe o suficiente em qualquer direção, basicamente acabará voltando do oposto. Além disso, embora os elementos possam estar associados a certas direções em um sentido ritual, eles são conceitos que existem em todas as direções. Já enfatizei o poder de sua mente para criar, então aqui está uma construção muito simples que pode ser usada para criar um espaço de proteção imediato ao seu redor:

Do Leste e para o Oeste, um oval arqueado sem fim.
Do Norte e para o Sul, sele ao meu redor e tudo o que houver.
Assim acima como abaixo, siga comigo aonde quer que eu vá.

Simplesmente pense ou diga essas palavras e visualize a estrutura de um átomo ao seu redor – você é o núcleo e as direções e os elementos o cercam como elétrons em órbita. Se sentir necessidade de dissipar o espaço cognitivamente também, poderá fazer isso facilmente. Simplesmente respire fundo, expire e empurre para fora, liberando as órbitas como o Sol rompe as nuvens.

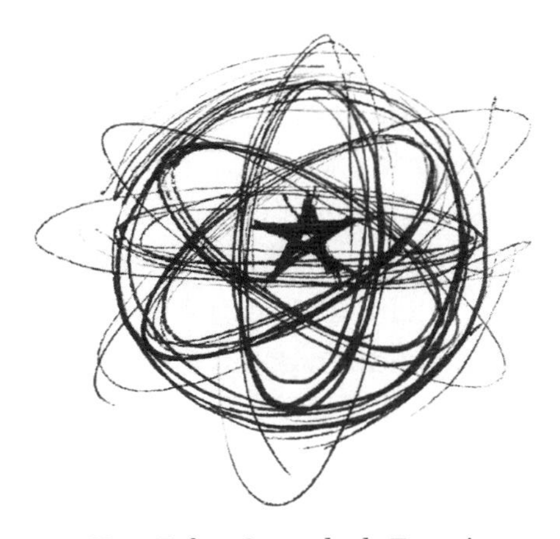

Uma Esfera Sagrada de Energia

Nota: se você começar a fazer trabalho com sigilos em um trem ou outro meio de transporte que exija atenção a estímulos externos, não é minha culpa se perder sua parada. Ossos do ofício.

Superando, entendendo errado

É importante não se preocupar com o seu tempo de exploração de sigilos. Quando me sento com minha página em branco, minha lista de palavras-chave ou o nome da pessoa com quem estou trabalhando, permito-me ser imperfeita. Eu exploro combinações e formas, vendo o que funciona e o que não funciona. Se eu descobrir que parte de um sigilo está funcionando, eu o desenho novamente e adiciono outros elementos até que pareça equilibrado e completo para mim.

Não apague ou risque nada! Se você apagar constantemente todas as marcas ou riscar seu trabalho à medida que avança, não poderá avaliar e comparar. É importante experimentar diferentes composições, ângulos, posições e variações – e ver instantaneamente o que funciona e o que não funciona quando você puxa para trás da página. No estágio de esboço de fazer um sigilo, não seja minucioso. Explore e experimente diferentes combinações e orientações. Se você fizer isso, terá um senso mais forte de quando seu sigilo estará pronto. Apagar constantemente quebra sua confiança e impede que você veja seu progresso. Às vezes, um projeto que você rejeitou inicialmente tem elementos que desejaria usar.

Não há vergonha em experimentar ideias. Algumas vezes você chegará ao desenho perfeito na primeira tentativa, e outras vezes pode preencher uma página inteira (ou três!) Antes de encontrar um sigilo que funcione. Não há nada de errado nisso. É simplesmente parte do processo de criar.

Simples versus complexo

A ideia geral com sigilos é torná-los uma manifestação visual simplificada de seu trabalho. Isso ajuda a torná-los simplificados e reproduzíveis de forma confiável, conforme necessário. Tenha cuidado para não tornar seus sigilos muito complexos ou "mandá-los água abaixo". Muitos elementos pesam no desenho e complicam a mensagem. O limpo tende a ser mais direto e eficaz. Coloque marcas suficientes para sentir que a intenção é transmitida com clareza e pareça completa, sem embelezá-la demais. Ao projetar, pense nos elementos que podem ser combinados. Você precisa ter uma flecha e uma estrela, ou elas podem ser combinadas em uma estrela cadente? Essa linha horizontal pode dobrar como o topo de uma âncora ou uma barra de uma escala?

Existem situações em que você pode definitivamente se permitir fazer seu sigilo mais ornamentado e complexo, se achar que funciona para o desenho. Elaborar com um sigilo que será reproduzido apenas uma vez – seja para um uso temporário ou porque a aplicação dele levará apenas uma vez – faz todo o sentido. Exemplos disso seriam uma pintura para o seu altar ou uma tatuagem – e a complexidade pode aumentar a energia geral e a sensação do sigilo de uma forma que pareça certa para você.

Evite imagens e pantomima

Em uma observação semelhante em relação a desenhos simples *versus* complexos, lembre-se de que você não está ilustrando uma cena aqui. Lembre-se de que os símbolos representam algo mais com um significado maior, então não sinta que tem que expressar cada detalhe ou ser excepcionalmente literal em seus sigilos. Ao invés disso, é melhor deixar de ser excessivamente representacional. Um sigilo é uma ideia complexa filtrada em uma imagem muito simples.

Por exemplo, quando ensino dança teatral, falo sobre o uso da linguagem corporal e da qualidade do movimento para transmitir a expressão, em vez de confiar em símbolos gritantes para chamar a atenção do público. Se você está triste ou de luto, pode refletir isso na forma como se move sem precisar de um suporte de lápide de isopor para estar no palco ou derramar lágrimas com gestos de choro para expressar sua dor. Adereços, escrevendo as coisas descaradamente, imagens representativas – tudo isso pode complicar demais a mensagem. Essa abordagem não permite tanta imaginação ou desenhar novas conexões em nome do visualizador.

O mesmo é verdadeiro para sigilos: você não está contando uma história como em um livro ou em uma peça, delineando cada cena, está elaborando um feitiço sucinto. O sigilo é mais do que a soma de suas partes; é a progressão dessas ideias se fundindo em uma nova ideia. Não se prenda às peças para encontrar significado. Permita que ele assuma sua própria forma.

Gostaria de observar aqui, entretanto, que obras de arte totalmente representacionais podem de fato ser usadas para magia. É apenas uma abordagem e um método diferente da Magia de Sigilos. Eu frequentemente crio pinturas para feitiços que usam assuntos reconhecíveis representados de uma forma realista ou surrealista, às vezes com trabalhos de sigilo incorporados a eles. Criar esse tipo de arte é muito diferente de seu cérebro esquerdo ditar que você deve ter símbolos complexos e um enredo para fazer seu sigilo. A obra de arte visionária está imersa em expressar a visão interior e as experiências liminais, com base no teatro sem a linguagem do cérebro direito. O lado esquerdo do cérebro frequentemente se apega a símbolos complexos e facilmente reconhecidos, por razões lógicas; ele prefere ser seguro e contido. Você vai querer ultrapassar essas associações de superfície e ir mais fundo ao projetar seus sigilos.

Por que desenhar seu próprio sigilo?

Esta parte é para aqueles que podem estar se perguntando: "Mas eu não posso simplesmente copiar o sigilo de outra pessoa? Parece mais fácil!" Suponho que poderia sim, se aquele sigilo realmente ressoasse com você e você reservasse um tempo para se sentar e se conectar com ele. Os símbolos geralmente adquirem significado porque as pessoas ressoam com eles. Por exemplo, o Sigilo de Poder que criei (veja no capítulo 6) foi projetado especificamente para qualquer pessoa usar. Eu não sentei para criá-lo para mim. Minha intenção era fazer um sigilo que qualquer pessoa que sentisse que precisava de poder pudesse se conectar a ele e usá-lo. Enquanto desenhava esse sigilo, pensei em todos os diferentes tipos de pessoas que poderiam considerá-lo útil em suas vidas e com o que estavam enfrentando. Da mesma maneira, eu desenho sigilos para clientes que confiam em minha experiência para fazer algo especialmente sintonizado com eles. O sigilo então pertence a eles especificamente, que seguem com a aplicação e o reconhecimento.

Mas se você está pensando, "Oh, eu apenas copiarei este sigilo feito por outra pessoa" porque você não quer perder tempo para criar o seu próprio, então provavelmente não alcançará o efeito desejado. Sigilos são muito pessoais – eles são criados com sua própria intenção para si mesmo ou enquanto focados nas necessidades de outra pessoa. Um sigilo de cura que criei para a lesão física de Jessica não será como o sigilo de cura que criei para o problema emocional de Steve. Ambos envolvem cura, mas são pessoas diferentes com necessidades e problemas únicos. Portanto, não seja preguiçoso.

Técnica de desenho

Na verdade, só há uma maneira de desenvolver suas habilidades de desenho: PRATICANDO! Muitas vezes ouço a desculpa "mas não consigo nem traçar uma linha reta com uma régua", mas todos nós desenhamos com confiança quando crianças. Se você não se considera muito desenhista, mas pode escrever com caneta ou lápis, é hora de se livrar dessa bagagem de dizer que não sabe desenhar. E aqueles de vocês que se apaixonaram por livros para colorir sabem como pode ser meditativo e relaxante colocar uma caneta ou lápis no papel. O mesmo é verdade para o desenho de estilo livre. Muitas vezes é por isso que rabiscamos quando estamos no telefone ou entediados. O rabisco ocupa a mente sem sobrecarregá-la. Desenhar formas sem ter um guia a seguir não é terrivelmente difícil; só requer um pouco de prática e um pouco de confiança. Sigilos não precisam ser perfeitamente retos para funcionar. Você só precisa entender o simbolismo nas marcas feitas.

Mais importante ainda, dê a si mesmo a chance de melhorar. Não olhe para seus primeiros desenhos e pense que não há esperança. Continue desenhando e ganhe familiaridade ao segurar aquela caneta, lápis ou pincel. Não é diferente de aprender a usar um novo mouse, teclado ou controle de jogos – só precisa continuar usando-o para se familiarizar com ele. Em breve você vai pegar o jeito!

Sobre o traçado

Sou a favor de fazer do traçado um meio de meditação (veja o tópico "Reconhecendo Seu Sigilo" no capítulo anterior), repassando as linhas de um sigilo repetidamente para atingir um estado semelhante ao de transe. Mas não acredito que o traçado seja mais útil para ensinar a desenhar do que o estilo livre. Considere a relação entre traçar e desenhar, como as rodinhas de apoio funcionam em uma bicicleta; você não entende o truque de equilíbrio de andar de bicicleta até que as rodas não sejam mais necessárias e pedale sozinho. Portanto, embora o traçado possa ajudá-lo a se familiarizar mais com uma forma, é melhor começar a ver a forma com os olhos da mente. Então, a partir daí, você o está puxando através de sua mão para criar novas formas e seguir em frente para os sigilos!

Desenho com instruções

Incluí aqui análises de algumas das formas mais intimidantes para ajudá-lo. Definitivamente, você pode usar réguas, ferramentas de traçado (encontradas nos departamentos de design gráfico de lojas de arte e materiais de escritório), compassos e transferidores, mas sugiro que desenvolva sua habilidade de desenhar à mão livre. Ela aumenta suas habilidades de coordenação olho/mão e sua confiança em suas habilidades de desenho. Claro, as coisas podem parecer difíceis no início, mas é disso que se trata a prática.

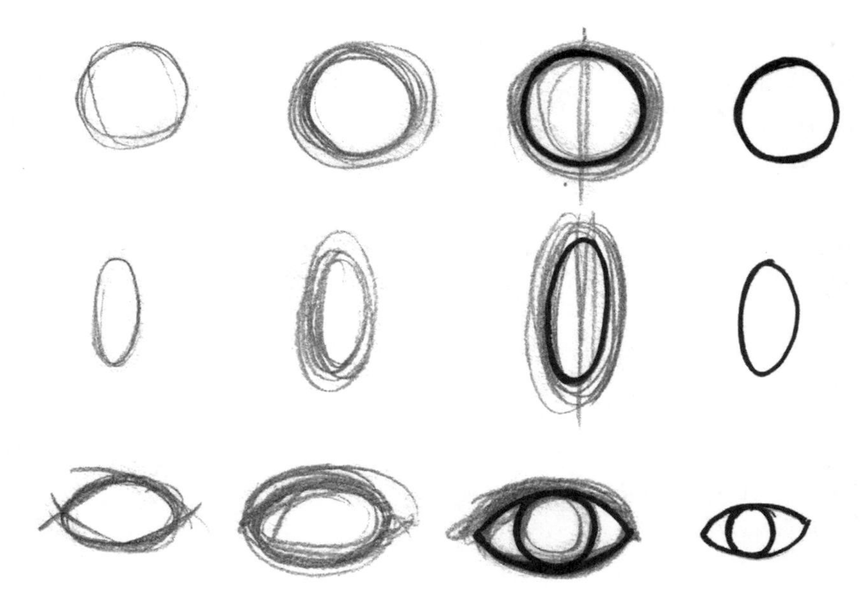

Desenhando Círculos e Formas Ovais

Círculos

Lembro-me exatamente onde eu estava quando aprendi a desenhar círculos mais perfeitos e ovais. Eu tinha seis anos e estava em uma aula formal de desenho, com a tarefa de desenhar um castiçal. Ele ficou comigo todos esses anos. Esteja você desenhando um círculo, oval, ovo ou outro tipo de elipse, permita-se classificar a forma desenhando suavemente esferas sobrepostas. Escolha o que estiver mais próximo da forma desejada e contorne-o com uma caneta. Apague as marcas extras.

Em cada linha da ilustração acima, as colunas 1–3 mostram a construção de círculos concêntricos e ovais para obter uma forma precisa e limpa, em comparação com a coluna 4, desenhada sem diretrizes.

Desenhando Pentagramas

Estrelas de Cinco Pontas (Verticais, Invertidas)

Para criar um pentagrama vertical, é mais fácil começar em um dos cantos inferiores (esquerdo ou direito tende a depender de sua mão dominante – eu começo no canto inferior esquerdo) e desenho para cima. Para desenhar uma estrela invertida, comece no canto superior e vá descendo.

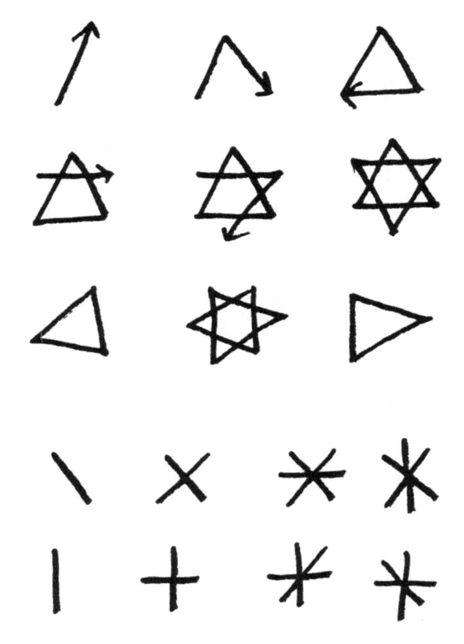

Desenhando Estrelas de Seis Pontas

Estrelas de Seis Pontas

A maneira mais fácil de desenhar uma estrela de seis pontas tradicional é fazendo primeiro o desenho de um triângulo equilátero vertical (todos os lados iguais). Em seguida, no topo do primeiro triângulo, desenhe um triângulo de tamanho igual, mas apontando para baixo. Se você gostaria de desenhar mais uma versão de asterisco de uma estrela de seis pontas, comece desenhando um X. Em seguida, desenhe uma linha horizontal no meio do X. Ou você pode escolher desenhar uma linha vertical no centro. O segredo é planejar com antecedência para que, ao fazer as seis "fatias", elas fiquem um tanto espaçadas uniformemente.

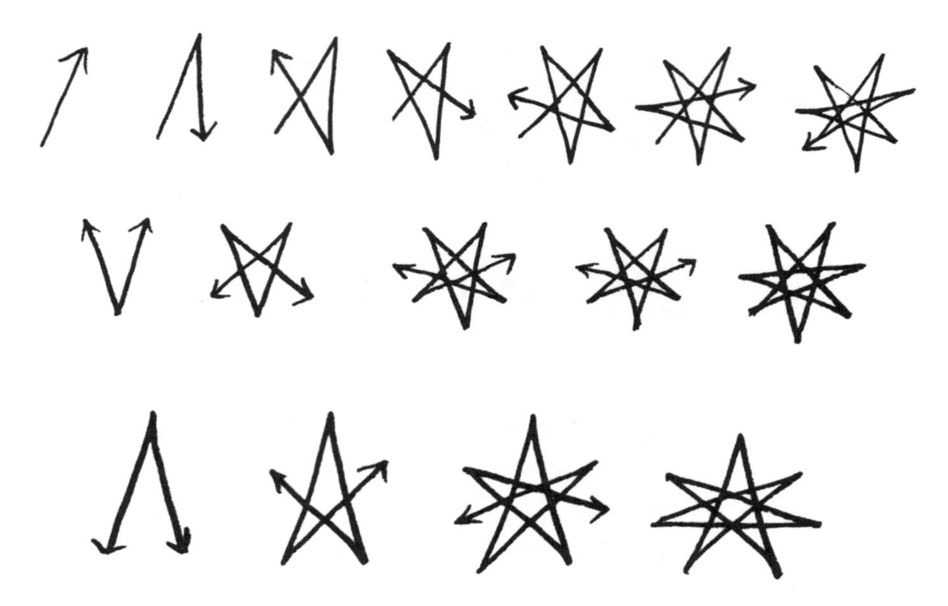

Desenhando Estrelas de Sete Pontas

Estrelas de Sete Pontas

Estrelas de sete pontas requerem um pouco mais de planejamento, mas não são muito mais difíceis de desenhar do que uma estrela de cinco pontas. No entanto, acho mais fácil trabalhar as linhas em pares para que você não perca seu lugar ou esqueça para onde está indo em seguida. Também ajuda a ver as formas básicas como o símbolo de Star Trek ou o logotipo da Pontiac. Siga a ilustração para ver como desenhar a sua estrela.

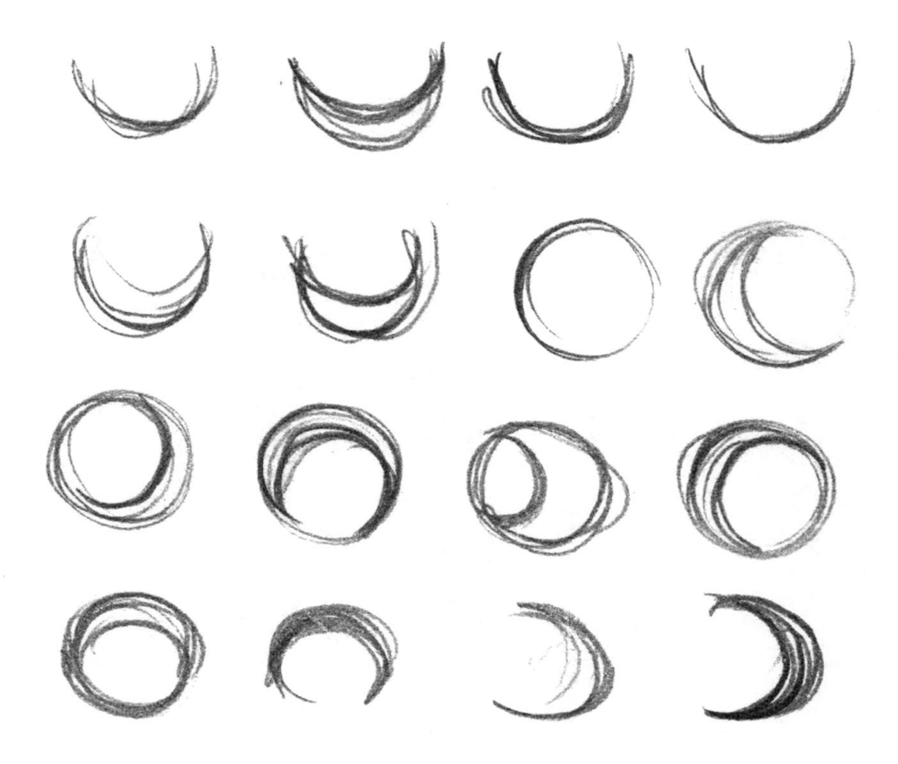

Desenhando Crescentes

Crescentes

Semelhante ao método do círculo, desenhe *Us* sobrepostos até obter a forma desejada para a Lua crescente por dentro e por fora. Você também pode esboçar círculos para obter sua linha externa principal e, em seguida, decidir o quão fino ou largo gostaria que sua meia-lua fosse dentro dela. Contorne com caneta aquele que funciona para você e apague o resto das linhas extras.

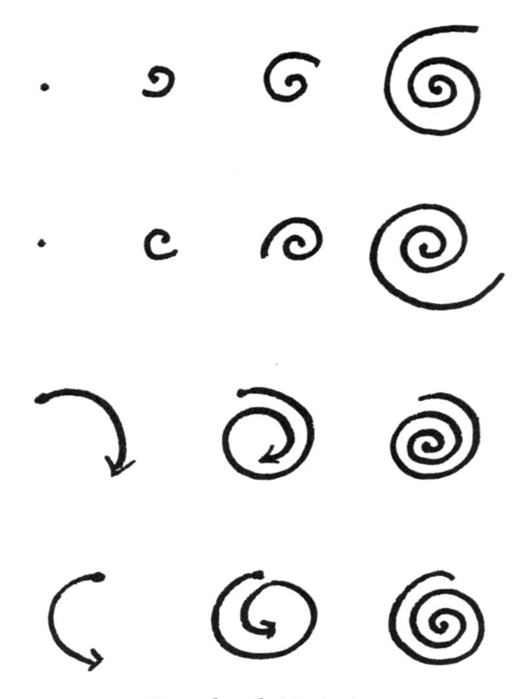

Desenhando Espirais

Espirais

As espirais são fáceis de desenhar, certo? Sim, elas são! Mas você já pensou em como desenha sua espiral? Incluí esta forma aqui porque quero que você considere dois métodos de desenho de espirais. Um dos métodos começa em um ponto interno e vai lentamente circulando a partir dele, expandindo-se. O inverso é começar a desenhar uma curva e continuar desenhando dentro dela, cada vez menor. Elas tendem não apenas a ter uma aparência diferente, mas também a parecer diferentes quando as desenha. A espiral de dentro para fora parece expansiva e aberta, aparentemente alcançando o infinito. Já a espiral de fora para dentro se contrai lentamente – é contida e definida. A espiral que você desenha depende de qual é o seu objetivo.

Suprimentos de arte incríveis!

Comprar materiais de arte pode ser uma experiência emocionante ou assustadora. Há tanto para escolher que pode ser opressor – ou inspirador! Serei sua amiga assistente de compras para ajudá-lo a fazer algumas escolhas excelentes quando se trata de comprar materiais de arte.

Todo mundo tem um tipo de lugar onde sempre se sente como uma criança em uma loja gigante de doces. Para mim, é qualquer local que venda uma seleção decente de materiais de arte. De todos os empregos em que trabalhei ao longo dos anos, um dos meus favoritos foi quando estava na faculdade e fiz um programa de trabalho-estudo na loja de arte da Rhode Island School of Design. Eu estava totalmente imersa em todos os tipos de materiais de arte – aprendendo sobre eles, estocando-os, ajudando outras pessoas a encontrá-los, fazendo recomendações, obtendo amostras grátis – e ganhei um desconto de funcionário por ser uma aluna!

O que me lembra aliás, é que materiais de arte não são baratos – pelo menos não os bons, que duram muito e são mais fáceis de usar. Lojas de 1 dólar e multimarcas podem parecer mais baratas, mas raramente tem um grande estoque, esgotam-se rapidamente e podem estar cheias de produtos químicos prejudiciais.

Não que suprimentos de arte mais caros sejam automaticamente mais seguros (cádmio, alguém conhece?). Mas eles passam por testes de padrão de qualidade mais rigorosos e incluem rotulagem adequada, mais do que suprimentos de pechincha. Portanto, faça uma pesquisa antes de comprar seu material de arte e você obterá algo que será menos problemático para trabalhar e que pode durar por toda a vida.

Além disso, se você puder ir a uma loja de materiais de arte de verdade, há uma boa chance de que as pessoas que trabalham lá também sejam artistas. O que significa que eles tendem a saber muito sobre o que está disponível, o que funciona e o que é ruim, e ficarão felizes em responder às suas perguntas. Esse não é normalmente o caso em lojas de materiais de escritório e de artesanato, nem seus preços são realmente muito melhores – embora um cupom ocasional possa lhe render um bom negócio em um item mais caro.

Cadernos de Desenho

Eu recomendo pegar um caderno de desenho pequeno para trabalhar, de preferência um que esteja marcado como "desenho", já que normalmente tem cerca de 80 lb. de papel (o peso calculado de uma resma de papel), o que resulta em uma boa espessura média de papel. Eu gosto de um pouco de espaço para me mover em uma única folha de papel sem ficar apertada, então meu tamanho ideal de caderno é geralmente 20 x 25 ou 22 x 30 cm – que também é o mesmo tamanho da mesa do meu scanner. Também gosto de cadernos quadrados, embora não haja nenhuma razão lógica para isso, além da forma elegante. Existem todos os tipos de cadernos de desenho no mercado, de espiral, da capa dura a capa de papel. Certifique-se de que aquele que você escolher esteja marcado como "arquivo" (*archival paper*, um papel de melhor qualidade, mais duradouro), ou ele pode começar a amarelar e desmanchar rapidamente. Esse também é um bom conselho se você está procurando fazer um livro das sombras ou um grimório com um caderno de desenho – você vai querer que dure!

Sobre o Tipo e a Textura do Papel

A textura para cadernos de nível de "desenho" tende a ser razoavelmente lisa, com superfície boa o suficiente para facilitar o trabalho. O papel de impressão a quente – aquarela ou Bristol – é extremamente liso, o que pode ser escorregadio para trabalhar, mas cria linhas realmente suaves e limpas. O papel de impressão a frio é extremamente áspero, dando aquele efeito clássico de papel de aquarela. Realmente não é ideal para desenhar. O papel de jornal é bom para a aula de desenho artístico, mas não é ideal para guardar por muito tempo, e o papel rasga-se com muita facilidade. É feito para carvão, não canetas e lápis. Pode parecer muito bom para um papel barato, mas não se engane – compre a prancheta de desenho adequada com o papel de arquivo!

Lápis Grafite

H e B! Você deve se lembrar da necessidade de lápis 2B para fazer testes padronizados na escola primária. Os lápis têm uma faixa de dureza e suavidade de grafite, conhecida como escala HB, onde H é claro e B é escuro/preto. As letras também são combinadas com números. Quanto mais alto o número, mais longe ele está na escala em direção ao seu extremo. Quanto mais alto o número emparelhado com o H, mais difícil será a condução e mais clara será a marca. Da mesma maneira é com o B, a condução é mais suave e deixa uma marca mais escura. Então, se você quiser esboçar levemente seus sigilos antes de pintá-los, recomendo pegar um lápis 4H ou 2H, porque eles são muito fáceis de apagar e não fazem muita indentação no papel. Depois de entrar nos Bs, será cada vez mais difícil apagar suas marcas. Apenas para esboçar com um lápis que fornece uma linha suave e escura, sou uma grande fã do 6B. Não é preciso pressionar com força para fazer uma marca escura, o que é muito útil para evitar cãibras na mão enquanto desenho! Do mesmo jeito que existe o lápis da marca Ebony, que é essencialmente um 6B, geralmente um pouco mais barato do que os lápis de marca.

Dica: invista em um bom apontador manual, de preferência um que tenha um recipiente acoplado para pegar as aparas. Apontadores elétricos consomem lápis macios como loucos.

Lapiseiras

As lapiseiras mais fáceis de encontrar são aquelas que você simplesmente aperta e clica, aquelas que vêm uma dúzia ou mais de refis. No entanto, elas têm um grafite pequeno e afiado que pode facilmente penetrar no papel, além de estarem sujeitas a se partir e quebrar. Então, sim, elas são convenientes por terem uma ponta afiada, mas são irritantes por interromper seu transe linear. Existem lapiseiras mais sofisticadas que são projetadas para desenho (plantas de engenharia e arquitetura). Elas podem ser muito boas – com um preço adequado, mas são projetadas para serem recarregáveis. Se isso interessa a você, eu recomendo ir a uma loja de arte e testá-las para ver se gosta.

Borrachas

Esqueça as borrachas rosa. Não sei de quem foi essa ideia idiota, mas podem manchar seu papel e não apagar direito. Existem basicamente três borrachas reais no mercado para procurar: borrachas de vinil branco, borrachas amassadas e borrachas de goma. As de vinil tendem a limpar melhor, as amassadas não produzem resíduos (e você pode "amassá-las", o que também é ótimo para o alívio do estresse) e borrachas de goma (que muitas vezes se confundem com borrachas amassadas, porque as últimas muitas vezes se parecem com goma cinza e são flexíveis) funcionam melhor para algumas superfícies.

Dica: muitas lojas de arte oferecem kits básicos de desenho (geralmente por um preço de pacote reduzido) que vêm com uma variedade de lápis e borrachas para que você possa experimentá-los e ver do que gosta.

Lápis de Cor

Se você gosta de livros para colorir, provavelmente já desenvolveu algumas preferências para lápis de cor. Praticamente os únicos com que considero são os da marca Prismacolor. Eles são definitivamente mais caros, mas têm uma textura suave e consistente e uma cobertura de cor fantástica. Existem também lápis de cor solúveis em água e lápis de cor sofisticados com os quais você pode desenhar e depois passar um pincel úmido sobre essas marcas, para obter uma mistura do efeito de desenho e de pintura.

***Canetas (por Nível)* Simples:** uma das minhas ferramentas favoritas para esboçar é também uma das mais baratas que existem: uma caneta esferográfica Bic básica. Este tipo de caneta faz uma linha tênue que pode ser ainda mais fina e mais clara com um toque leve e mais pesada/ escura quando você pressiona com mais força. Mas também não pode apagar seus erros, então isso pode ensiná-lo a ser mais focado em como está desenhando, bem como permitir que crie um quadro de esboços ao invés de ficar tentado a apagar e começar de novo e de novo. Esses tipos de canetas costumam ser baratas ou gratuitas em seu banco, farmácia, hotel, etc. (quero dizer, aquelas que esses lugares oferecem. Não estou defendendo que sejam roubadas.)

Mediano: quando estou trabalhando em um projeto final para enviar a um cliente, muitas vezes desenho o sigilo usando uma caneta Micron da Sakura. Elas vêm em uma variedade de cores e tamanhos de bicos (pontas), têm tinta de arquivo e podem ir de superfino (005) a fino (01) e médio (03, 05, 08) a espesso (1, etc.). A espessura 05 é normalmente a minha escolha para trabalhos em linha. A ponta superfina é fácil de danificar e a 01 tende a secar mais rápido. O 05 pode ser bem melhor, pois faz uma linha limpa e bem visível sem escorrer ou ficar obstruída. Essas canetas custam entre dois e três dólares cada.

Pena e Tinta Tradicional

Especialista: você sempre pode ir à velha escola (e tecnicamente é mais ecológico do que as canetas descartáveis que acabamos de mencionar) investindo em uma base de caneta, ponta de metal e um frasco de tinta – ou uma caneta de pena, se gostar de aventuras. Você pode experimentar todos os tipos de pontas intercambiáveis para a base da caneta, desde pontas de desenho a pontas de caligrafia. Esse tipo de caneta é definitivamente uma ferramenta que exige um pouco de prática para usar e, mesmo assim, uma fibra do papel pode prender a ponta e fazer com que uma gota de tinta se acumule. Costumo segurar todas as minhas canetas bem perto da base, então frequentemente acabo com tinta nas mãos também, apesar dos meus melhores esforços. Se eu quiser algo mais orgânico, substituo a caneta e a ponta por um pincel fino, pois sinto que tenho mais controle sobre como a tinta escorre pelas cerdas (consulte o próximo tópico sobre pincéis).

Canetas de Gel

As canetas de gel vêm em um número insano de cores, incluindo acabamentos perolados, metálicos, com glitter e geralmente fornecem uma experiência de desenho suave. Elas são especialmente úteis para desenhar em superfícies escuras (como papel preto). No entanto, podem ser caras e algumas marcas não duram muito, então invista em algumas cores que deseja antes de comprar um conjunto grande (geralmente preenchido com cores quase idênticas e que nunca usará).

Sharpies e outros Marcadores Permanentes

Sharpies são os reis dos marcadores permanentes! Precisa escrever em metal, vidro ou plástico? Sharpies pretos vão fazer isso muito bem. Há também Sharpies metálicos dourados e prateados muito bons, que eu prefiro em vez das canetas metálicas mais sofisticadas. Elas exigem que você as agite constantemente e empurre as pontas o tempo todo enquanto inala um odor muito forte. Uma observação sobre odores: embora Sharpies não tenham um cheiro tão forte quanto outros marcadores permanentes, não recomendo usá-los para pequenos detalhes ou em um espaço fechado com o nariz praticamente em cima do marcador. Ao invés disso, use Microns, porque eles são inodoros e fornecem melhores detalhes sem deixá-lo doente.

Dica: você pode limpar ou remover as marcas feitas pela maioria dos marcadores permanentes, em superfícies não permeáveis, com álcool isopropílico. Experimente primeiro em uma pequena área com um cotonete levemente embebido em álcool para se certificar de que não danificará a superfície.

Marcadores Temporários

Precisa marcar uma superfície não porosa por um determinado período de tempo? Os marcadores temporários *(dry erase markers)* podem ser seus amigos, mas nem sempre funcionam em todas as coisas, então teste a superfície primeiro. Eles são especialmente úteis para desenhar em espelhos e outros tipos de superfícies de vidro.

Pincéis

Se você não olha para um pincel desde que usou um de pelo de camelo na escola primária com tintas para cartolina, pode ficar um pouco chocado. Lembra da Loja de Varinhas do Sr. Olivaras de Harry Potter? É mais ou menos assim. Não, o melhor pincel para você não é feito de pelo de unicórnio – mas quando você olhar o preço, pode pensar que é!

Tipos de Pontas de Pincel

Bons pincéis são um grande investimento para os artistas – e há centenas para escolher, variando em forma, tamanho e material. Para começar recomendo procurar pincéis com cerdas sintéticas que sejam macios e sedosos ao toque. Eu prefiro as variedades de pontas arredondadas, especialmente os pincéis da série 233 da Winsor & Newton University. Quanto menor o tamanho (000, 00, 1, 2), menor será a ponta; quanto maior o tamanho (3, 5, 8, 12, 14), maior será a ponta. Veja como as cerdas estão dispostas – cada uma oferece um tipo diferente de qualidade de linha. As formas arredondadas e pontiagudas e com pontas detalhadas são especialmente boas para criar linhas finas e consistentes. Formas planas e brilhantes são melhores para fazer traços maiores e mais ousados e cobrir superfícies maiores. Com forma de avelã é boa para misturar. Uma forma angular plana ou de cinzel dará uma espécie de efeito caligráfico aos seus traços, já que você pode trabalhar o pincel para obter marcas mais finas e controladas.

Considere a escala do seu projeto ao selecionar pincéis. Se estiver trabalhando em um formato grande (como um mural), você vai querer pincéis maiores. Trabalhando em algo muito pequeno e refinado, escolha um pincel muito menor. Se estiver confuso e inseguro, procure um kit inicial ou pacote de amostras. Eles geralmente incluem meia dúzia de pincéis de formatos e tamanhos diferentes.

Tinta, Pigmento e Aquarela

Se você achou a seção de pincéis irresistível, prepare-se para a de tintas! Tantos tipos de tintas, tantas cores, tantos tubos e potes! Na verdade, tudo o que você precisa é de um frasco de tinta nanquim (o meu tem um conta-gotas bem pequeno em cima, o que facilita dispensar um pouco de tinta em um prato de cerâmica e adicionar água conforme necessário) ou qualquer cor que lhe agrade. Mas caso você esteja se perguntando o que são todos esses tipos de tinta, aqui está uma lista rápida:

Tinta a óleo: pigmento suspenso em óleo de semente de linho; requer terebintina para limpar; demora muito para secar (acabamento permanente).

Acrílico: pigmento suspenso em resina acrílica; pode ser limpa com água; seca rapidamente (acabamento permanente).

Aquarela: pigmento transparente suspenso em goma arábica; usa água para limpar; seca rapidamente (não permanente).

Guache: pigmento opaco suspenso em goma arábica; usa água para limpar; seca rapidamente (não permanente).

Têmpera: pigmento seco misturado com gema de ovo e água para usar; é limpo com água (acabamento permanente).

Classes de tinta: cada tinta tem uma classificação, geralmente com uma escala do estudante até o profissional. Os níveis das cores para o estudante tendem a ser menos verdadeiras em tom e produzidas sinteticamente, com o elemento de ligação sendo de qualidade média. As tintas de qualidade profissional geralmente são feitas de pigmentos puros e os melhores aglutinantes.

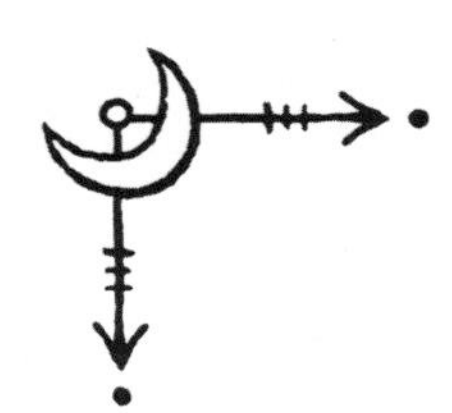
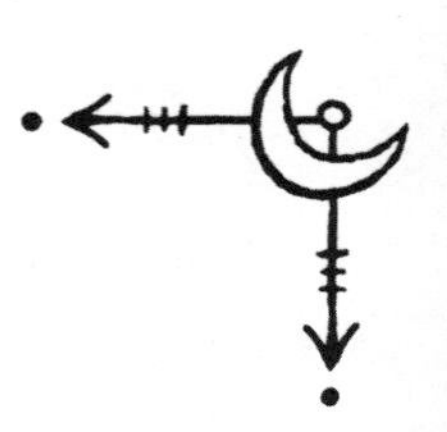

Capítulo 5

Exercícios Práticos

Neste capítulo, vou guiá-lo por alguns cenários imaginários para demonstrar como é possível criar um sigilo para cada um, se for apresentado a essa situação. Também incluí algumas ideias para aplicação de sigilo e reconhecimento quando possível.

Nota: todos os cenários aqui são completamente fictícios, mas são modelados em ocorrências comuns que você pode achar familiares.

Antes de começar a ler, pegue papel e caneta para que você também possa fazer isso. Eu configurei de maneira que possa ler sobre o cenário em uma página, fazer suas próprias anotações e esboços e, em seguida, passar para as soluções para ver o que fiz. Não há maneira errada – o que você desenha pode parecer completamente diferente. É o processo de pensar e experimentar por si mesmo que é o mais importante. Agora vamos fazer alguns pequenos sigilos felizes!

Cenários

Cenário: Um Sigilo de Festival

É o primeiro dia do festival Pword Power Gathering com duração de uma semana![20] Como parte da cerimônia de abertura, os participantes se reuniram para criar um sigilo para o festival deste ano. Os produtores pediram palavras que expressem o que todos gostariam

20. *Pword* é meu termo abrangente em inglês para pagãos, politeístas, panteístas, etc.

de vivenciar neste festival. Como é um evento de sete dias e também o sétimo evento anual, eles decidiram escolher sete palavras das inscrições. As palavras selecionadas são: *união, amor, compreensão, inspiração, segurança, energia e felicidade.*

Cenário: Um Sigilo de Coven

O Novo Crescente é um Coven recém-formado, derivado do Coven da Lua Cheia e da Tradição da Bruxaria – com permissão. É composto principalmente de Bruxas de segunda geração que são filhos e filhas de membros do Coven inicial, todos agora no final da adolescência ao início dos 20 anos – e algumas pessoas novas que são da mesma idade. Eles querem criar um sigilo para identificar e representar seu grupo.

Seu nome, o Novo Crescente, refere-se à Tradição, significando que eles são um novo ciclo. Existem atualmente seis membros, e cada um escolheu uma palavra ou frase para representar o que desejam obter do trabalho no Coven. Essas palavras são: *base, descoberta de identidade, sabedoria, crescimento, domínio de habilidades* e *equilíbrio.*

Cenário: Um Sigilo de Plano de Negócios

Michael está começando um novo negócio. Tecnicamente, é um negócio paralelo em desenvolvimento, pois ele já tem um trabalho técnico de que gosta, mas seus fins de semana e experiências noturnas de fabricação de incenso foram realmente bem-sucedidos em pequenos eventos. Ele adora fazer isso e gostaria de expandir o negócio ainda mais, mas não está pronto ou preparado para desistir de seu emprego em tecnologia. Michael está procurando um crescimento constante e quer fazer apenas lotes limitados, para não produzir a mesma coisa continuamente. O nome que ele está usando para seu negócio é *Censered Scents* – "Fragrâncias Incensadas". O rapaz está criando uma presença na web para seu negócio e cuidou da papelada legal para poder vender em shows e outros eventos. Seu plano envolve a fabricação de um incenso especial por mês, oferecendo assinaturas mensais e também a possibilidade de comprar diretamente pelo site enquanto durar o estoque. Ele quer um sigilo que seja um logotipo e um plano de negócios para colocar em todas as suas embalagens.

Cenário: Um Sigilo para Proteger a Baia de um Escritório

Pearl trabalha em uma baia, como a maioria das pessoas em sua empresa. Certos colegas de trabalho parecem parar com frequência demais para um bate-papo não comercial, e esse comportamento está atrapalhando seu trabalho. Ela não se envolve com eles ativamente ou os encoraja a sair e bater um papo; são fofoqueiros e intrometidos. Ela tentou ser legal e direta, mas não parece estar ajudando. É uma empresa conservadora em uma área igualmente conservadora, então Pearl deseja criar um sigilo oculto para colocar lá que os fará deixá-la em paz e que não será óbvio ou levantará especulações.

Cenário: Um Sigilo para Cura

Geraldine, de quarenta anos, está lutando contra um câncer de mama. Ela fez uma mastectomia dupla e foi submetida a radioterapia, agora está em remissão e o prognóstico parece bom. Geraldine decidiu não fazer uma cirurgia reconstrutiva e está se adaptando à nova forma de seu corpo. Ela quer um sigilo que fará uma tatuagem em seu peito. Isso vai significar a batalha pela qual ela passou, dar-lhe força e vitalidade, ajudá-la a se curar tanto física quanto emocionalmente de sua experiência e ajudá-la a se redescobrir e recuperar sua sensualidade e sexualidade.

Cenário: Um Sigilo Transformacional

Marissa nasceu com o nome de Marcos e a atribuição de gênero a condizer, mas ela nunca se sentiu em casa em seu corpo ou sendo designada como homem. Aos 29 anos, depois de muita reflexão, ela decidiu abraçar plenamente sua identidade de mulher em todas as áreas de sua vida. Tem sido uma experiência um tanto difícil com sua família e para alguns de seus amigos, mas eles estão mudando lentamente.

Marissa quer um sigilo para continuar a capacitá-la enquanto passa por mudanças físicas, protegê-la daqueles que a prejudicam e ajudar a sua família a compreender e abraçar a transição.

Cenário: Um Sigilo Contra o Bullying

Christopher tem doze anos e é um bom aluno da sexta série. Adora animais e está florescendo no teatro. Ultimamente, tem sido alvo de Hank, seu colega de classe, que tem xingado Christopher, pregado peças nele e basicamente fazendo um *bullying* idiota. Apesar de Christopher relatar o comportamento de Hank aos professores, o que resultou em detenção e uma reunião de pais e professores, o garoto ainda o está incomodando; a ele e a seus amigos. Christopher pediu para sua mãe que o inscrevesse em aulas de autodefesa para que pudesse se defender melhor e aos outros. Sendo um bom amigo da mãe dele e sabendo que Christopher é empático, como medida extra, você decide criar um sigilo que aumentará a confiança de Christopher, bem como o protegerá de intimidações.

Cenário: Um Sigilo Antiansiedade

Danielle é uma nadadora competitiva que foi diagnosticada com transtorno de ansiedade geral quando tinha vinte e três anos. Toma remédios para ajudar e recentemente também começou a praticar meditação e yoga. Tem sido um caminho difícil, mas ela sente que aos poucos está ganhando controle sobre sua ansiedade. Ocasionalmente, porém, ela tem ataques de ansiedade ao tentar adormecer à noite, e isso às vezes também se manifesta como insônia. Seu sigilo será um foco de meditação e projetado para manter a ansiedade sob controle, ajudá-la a adormecer mais facilmente e ter um sono mais repousante.

Cenário: Um Sigilo para Fertilidade

Brenna e Nick estão casados há dez anos. Três anos atrás, eles decidiram que era hora de começar uma família. Apesar de seus esforços, eles ainda não tiveram sucesso. Acontece que Brenna tem uma condição que dificulta a concepção, mas pode ser superada com intervenção médica. Ela está se submetendo a tratamentos de fertilidade há um ano, e eles estão muito esperançosos. Ambos são novos no caminho Pagão e Brenna foi pessoalmente atraída pela Deusa Grega Deméter. Ela gostaria de criar um sigilo para homenagear Deméter e para ajudá-la a conceber um bebê saudável, gerá-lo pelos nove meses e promover um nascimento bem-sucedido.

Cenário: Um Sigilo para ter Foco

Vernon está voltando para a faculdade para se formar em Direito aos trinta e nove anos. Ele teve que abandonar os estudos aos vinte anos para cuidar de sua mãe, que desenvolveu câncer, e de sua irmãzinha. Sua mãe faleceu dois anos depois e ele se concentrou no trabalho para sustentar a si mesmo e a sua irmã. Sua irmã agora está crescida e ele decidiu que é hora de voltar a estudar. Vernon está equilibrando seu trabalho, um novo relacionamento promissor e seu curso de Direito. Ele tem apenas mais dois semestres para terminar e quer alguma ajuda para manter o foco em sua meta e ter tudo em equilíbrio – ou pelo menos priorizado.

Cenário: Um Sigilo para Banir e Conectar

Meg esteve em um relacionamento por seis anos com Kim, até que ela teve que terminar e se mudar dois meses atrás. Kim é alcoólatra, atualmente se recusa a receber tratamento e se torna abusiva tanto física quanto verbalmente. Meg conseguiu uma ordem de restrição e está trabalhando para tirar Kim de sua vida. Meg quer fazer um trabalho mágico para manter Kim longe dela, impedir Kim de encontrá-la e impedir que Kim se machuque ainda mais.

Cenário: Um Sigilo para Inspiração e Criatividade

Alex é um talentoso artista profissional que sofre de depressão clínica. Como muitos Arianos, quando está trabalhando, tudo é ótimo. Mas quando a depressão começa a aparecer, ele acha difícil trabalhar, o que o leva a uma longa ladeira escorregadia de inatividade e bloqueios. Ele entra em um ciclo em que começa a se preocupar em não ter outra ideia criativa novamente. Alex precisa de um sigilo para ajudá-lo a superar e não ficar preso naquela lama, e para direcioná-lo a encontrar inspiração e criatividade quando estiver em dúvida.

Cenário: Um Sigilo para Prosperidade

Liza tem trabalhado duro, mas mal consegue se sustentar todos os meses depois que todas as contas foram pagas. Ela é muito responsável com seu orçamento e suas atividades e trabalha muito para se promover. Se pudesse ganhar mais trezentos dólares por mês nos próximos seis meses, Liza sentiria que finalmente poderia fazer algum progresso para liquidar seu empréstimo estudantil e outras dívidas e começar a economizar dinheiro. Ela gostaria de poder fazer uma viagem ao exterior no próximo ano para estudar com um mentor e expandir seu ofício. É hora de manifestar!

Soluções

Um Sigilo de Festival

Solução: Um Sigilo de Festival

Temos um evento comunitário com uma raiz espiritual – e a correlação tripla do número sete (sete dias, sete anos, sete palavras). Nossas palavras escolhidas são *união, amor, compreensão, inspiração, segurança, energia* e *felicidade*. Vamos considerar quais formas e símbolos se alinham com cada uma dessas palavras:

União: um círculo ou linhas convergindo em um círculo.

Amor: um coração. Compreensão — quando considero esta palavra, penso sobre comunicação, especialmente em ouvir. Um par de crescentes espelhados ou divisas pode refletir isso muito bem.

Inspiração: asteriscos (faíscas de criatividade).

Segurança: pode ser um círculo para proteção, um escudo ou um triângulo (cuidado, diminua a velocidade, preste atenção).

Energia: símbolo do espiral. Felicidade — uma Lua crescente em posição de tigela.

Então temos algumas possíveis sobreposições onde um símbolo ou forma pode incorporar mais de uma de nossas palavras, e temos a oportunidade de repetir um motivo pelo menos sete vezes, ou talvez usar o próprio número. Decidi começar com um círculo (unidade). Em seguida desenhei um coração em espiral (amor) que envolve o círculo e se sobrepõe a ele. Eu estendi caudas espirais na parte inferior do coração para obter energia. Percebi que um triângulo foi criado naturalmente pelo espaço entre a parte inferior do coração e o círculo interno. O círculo parecia vazio para mim, então espelhei outro triângulo em cima dele (segurança). Para inspiração e o número sete, coloquei três asteriscos abaixo do coração, dois acima e um em cada lado. Em seguida, terminei o desenho com um par de crescentes acima/abaixo (felicidade e compreensão). A forma geral agora me lembra de um corpo ou ser, que parece ser uma grande forma de sigilo para um evento comunitário.

Para eventos internos, desenhei sigilos em grandes pedaços de papel que são pendurados em um local público – perto de operações, registro, etc. Para um evento externo, porém, o papel não durará muito. O sigilo pode ser desenhado em papel, mas os organizadores devem então preparar um pedaço de tecido para pintar o sigilo e fazer um estandarte, ou ter um pedaço de madeira adequado para pintar. Se o sigilo for projetado com antecedência, ele pode ser incluído no programa do evento, transformado em adesivos ou tatuagens temporárias, exibido em camisas e assim por diante. Para aplicação no local, o desenho pode ser compartilhado com pintores corporais e artistas de hena, para que eles apliquem (como parte de um ritual ou para vender), ou pode ser copiado em pedaços menores de tecido e pendurado como minibandeiras na área do acampamento como parte do ritual de abertura.

Um Sigilo de Coven

Solução: Um Sigilo de Coven

Nesta situação, temos um sigilo que será uma marca de identificação de um Coven. Primeiro, vamos considerar seu nome: Novo Crescente. O que é um novo crescente? É a lasca emergente de uma Lua crescente, por isso devemos ter certeza de incorporar uma Lua crescente neste projeto. Além disso, temos seis ideias a considerar: *base, descoberta de identidade, sabedoria, crescimento, domínio de habilidades* e *equilíbrio.* Vamos considerar quais formas e símbolos se alinham com cada uma dessas palavras:

Fundação: uma linha horizontal.

Descoberta de identidade: seta, para direcionamento.

Sabedoria: talvez uma pirâmide ou um olho para o insight.

Crescimento: raízes, folhas, flores.

Domínio de habilidades: estrela, invertida.

Equilíbrio: uma balança.

Novamente, uma vez que Novo Crescente é o nome do Coven, e o sigilo será usado não apenas para direcionar a energia do grupo para trabalhos mágicos, mas também como um símbolo do próprio Coven, comecei meu desenho com uma Lua crescente. A partir daí, joguei com uma estrela invertida (habilidades de domínio) dentro de uma pirâmide (sabedoria). Então, vi a base da pirâmide como uma oportunidade de formar a linha para a fundação, bem como a base da balança para o equilíbrio. Para formar mais da balança, acrescentei Luas crescentes opostas, bem como formas semelhantes a folhas para crescimento. Senti que uma terceira folha na ponta da estrela/pirâmide equilibraria o desenho. Para conectar a Lua crescente maior à estrela/pirâmide/balança e adicionar a localização de identidade, coloquei uma flecha vertical originada da base da estrela até a grande Lua. O desenho geral me lembra um cata-vento, o que sugere a capacidade de mudar e trocar de direção conforme necessário, mantendo o equilíbrio. Essa é uma característica muito importante em um grupo de trabalho.

O sigilo finalizado pode ser transformado em uma faixa que pode ser pendurada quando o grupo se encontra, ou talvez uma toalha de altar para ritual. Se o grupo tiver um site ou outra presença na web, pode ser uma marca de identificação para eles também on-line. Eles poderiam investir em ter colares feitos com o sigilo – ou fazê-los eles próprios se forem tão habilidosos.

Um Sigilo de Plano de Negócios

Solução: Um Sigilo de Plano de Negócios

As palavras que sublinhei aqui são *negócios paralelos, crescer, crescimento constante, lotes limitados, fragrâncias incensadas (Censered Scents em inglês), logotipo* e *plano de negócios*. Pela descrição, entendo que Michael deseja tornar este projeto paralelo de sucesso com crescimento controlado que não o sobrecarregue, que é essencialmente seu plano de negócios. O sigilo definitivamente será um logotipo, então ele quer algo que seja simples, mas reconhecível. Para logotipos gosto especialmente de considerar as letras ou iniciais que compõem o nome, que neste caso é C e S *(para o nome original, em Inglês)*. C é uma Lua crescente e, se a virarmos de costas, ela se torna uma tigela ou recipiente. S é uma linha ondulada, permitindo um movimento fluido – e também lembra a forma que a fumaça faz ao subir. Ao colocar o S na tigela do C, estou me referindo a uma tigela de incenso – aí está o controle. Achei que a forma de um triângulo poderia ser usada embaixo da tigela para um ponto de equilíbrio (como está na figura) ou colocada sobre o S para enfatizar um crescimento mais controlado. No topo, me lembra um incensário que é balançado em uma corrente (daí o jogo de palavras no nome da empresa). Como designer, ao apresentar logotipos a um cliente, prefiro dar a ele algumas opções. Então, incluí algumas variações para Michael escolher.

Uma vez que este sigilo foi projetado especificamente para ser um logotipo, Michael o aplicará em seus cartões de visita, site, etiquetas de produtos, etc., como parte de sua marca para Censered Scents. Sugiro um fundo vinho ou púrpura profundo, com as linhas em relevo ou tons dourados.

Um Sigilo para Proteger o local de um Escritório

Solução: Um Sigilo para Proteger a baia de um Escritório

Na descrição desta situação, não é tão fácil escolher ou sublinhar palavras-chave ou frases. Precisamos considerar quais são os problemas de Pearl e qual é a melhor maneira de resolvê-los. Ela precisa redirecionar a atenção de colegas de trabalho barulhentos/tagarelas para longe, tornando-a invisível para eles. Mas ainda precisará ser vista e reconhecida por aqueles que irão apreciar sua produtividade e respeitar seu espaço. Decidi começar com Pearl simbolizando-a como sua homônima: um pequeno ponto aberto. Para o redirecionamento, fiz duas setas que se cruzam logo acima do ponto aberto e apontam para longe dele. Eu dei a cada uma das flechas, caudas em espiral, para que contivessem suas próprias energias. As setas se cruzam em dois lugares, formando uma mandorla. No centro disso, coloquei outro ponto aberto menor, transformando-o em um olho. O olho pode simbolizar a atenção positiva que Pearl deseja das pessoas certas. A mandorla/olho com as duas espirais acima também imita a forma de uma abelha ou inseto. Podemos interpretar isso tanto como os intrometidos se afastando quanto a natureza trabalhadora e focada da abelha. Decidi colocar um asterisco acima das espirais para equilibrar o grande ponto aberto e simbolizar novas energias e possibilidades.

Já que Pearl deseja que este sigilo seja escondido, e a maioria dos problemas tendem a acontecer enquanto ela está em sua baia, ela pode esconder o sigilo em algum lugar perto da entrada de seu espaço. Duas boas opções seriam desenhá-lo em uma fita adesiva na parte de trás do display do seu nome ou na área plana da tachinha que segura seu calendário. Ela também poderia desenhá-lo na área de plástico preto na parte de trás de sua cadeira.

Um Sigilo de Cura

Solução: Um Sigilo de Cura

Este pedido de sigilo tem várias camadas. Temos uma mulher madura que (por enquanto) superou o câncer de mama. Ela requer cura física e emocional de várias maneiras. Ela precisa de proteção contra o retorno do câncer e de força e vitalidade contínuas. E precisa se familiarizar e se sentir confortável com as mudanças que aconteceram em seu corpo e ver que ele tem um emblema de honra de uma batalha vitoriosa. Sob todo aquele exterior forte, ela quer ser capaz de se sentir sensual e sexy novamente. Também sabemos como ela deseja que o sigilo seja aplicado – como uma tatuagem – então as linhas precisam ser limpas e não muito finas ou próximas.

Decidi começar criando um escudo para Geraldine, desenhando um grande círculo com uma cruz no centro. Ele também funciona como uma área-alvo – para manter um olho atento na doença, bem como o foco interno. Senti-me inclinado a desenhar um pequeno círculo vazio de cada lado do grande círculo – talvez um lembrete dos seios que ela perdeu para a cirurgia, mas também um símbolo duplo que representa a sensualidade que vem de dentro. Eu estendi a linha vertical para cima e para baixo fora do círculo. Na extremidade superior coroei com um pentagrama apontando para cima para proteção e força interna. No final, coloquei um pequeno coração fechado para que seu bem-estar emocional fosse enraizado e sólido. O coração cresce de um par de espirais espelhadas como uma flor. O sigilo parecia que precisava de um pouco mais de energia, então coloquei quatro pontos – um para cada década de vida. O efeito geral do sigilo com as formas combinadas parece ser uma forma feminina forte e preparada para lutar.

Um Sigilo Transformacional

Solução: Um Sigilo Transformacional

Para o sigilo de Marissa, anotei as palavras que abraçam a identidade de mulher, passando por mudanças físicas, proteção, compreensão e transição. O primeiro símbolo que me veio à mente foi um coração, então desenhei um par de corações que se encontravam ponta a ponta. Também pensei sobre os triângulos que compõem a estrela de seis pontas clássica e como essa forma é uma mistura de energia. Os triângulos separados podem ser encontrados dentro desses corações conectados, mas eles também formam um desenho semelhante a uma ampulheta, que muitas vezes é considerada feminina, embora também se refira a tempo e paciência – elementos importantes para alguém em transição, bem como para construir compreensão. Resolvi abrir o coração de cima para que ficasse uma imagem em forma de copo, com o triângulo dentro o preenchendo, seja para proteção (não permitindo que nada vá muito fundo) ou porque o copo está cheio de positividade. Para outra camada de proteção, dei à figura um par de "braços" de flechas saindo do pescoço da ampulheta, cada um com três pequenas marcas verticais centradas neles. Dentro da forma de coração inferior, coloquei mais três linhas, que formam quatro seções – representando suas interações com o mundo maior, com amigos, com a família e com seu eu mais íntimo.

Para aplicação, posso ver Marissa tendo este sigilo transformado em um colar ou pulseira que ela usa todos os dias. Também pode fazer uma pequena tatuagem muito bonita na parte interna do pulso de sua mão dominante. Ela também pode desenhá-lo no espelho para que possa vê-lo quando se arruma de manhã e se prepara para dormir à noite.

Um Sigilo Contra o Bullying

Solução: Um Sigilo contra o Bullying

O que eu gosto nessa situação é que Christopher é um aluno da sexta série muito atento e presente. Ele está fazendo o que pode fisicamente para defender a si mesmo – e aos outros! Queremos adicionar um pouco mais de energia metafísica à mistura para protegê-lo emocional e mentalmente. As palavras que sublinhei foram para *aumentar a confiança* e *protegê-lo de intimidações*. Meu símbolo básico para isso era um pentagrama voltado para cima para confiança e proteção. Para blindagem e proteção extra, coloquei a estrela em um pentágono e desenhei mais um pentágono ao redor dele. De cada uma das pontas da estrela, estendi flechas com pontas ligeiramente curvadas. Elas se cutucam, mas os cachos evitam que as pontas grudem muito profundamente, então Christopher não fica muito preso no processo. Para dar à imagem uma sensação de profundidade e padrão e amplificar sua energia, desenhei quatro linhas no espaço entre os dois pentágonos, separando cada seção em cinco áreas.

Para aplicar este sigilo, posso vê-lo sendo transformado em um pedaço de tecido – bordado ou pintado – que vai na mochila de Christopher. Também pode ser colocado em seu casaco, sob a etiqueta, e desenhado na parte de baixo de seus tênis. Ele tem uma sensação de super-herói (especialmente se for desenhado em azul, vermelho e amarelo), então ele não se destacará nessas situações – ele apenas terá um design elegante!

Um Sigilo Antiansiedade

Solução: Um Sigilo Antiansiedade

Para a situação de Danielle, as palavras que anotei foram *foco na meditação, manter a ansiedade sob controle, adormecer mais facilmente* e *um sono reparador*. Eu também estava ciente de sua conexão com a água como nadadora competitiva. Comecei fazendo um formato de olho para simbolizar o sono, mas esse simbolismo parecia dominar o desenho. Em seguida, alisei a parte inferior do formato do olho em uma linha horizontal para aludir a um sono reparador. Estendi as pontas da linha curva superior, deixando-as cair ligeiramente abaixo da linha horizontal enrolando suavemente, como cílios. Coloquei uma fina Lua crescente no topo da forma principal, voltada para cima como uma tigela. Flutuando em cima disso, coloquei um asterisco dentro de um círculo – representando a ansiedade sendo contida e separada do estado de repouso. Por fim, na área vazia da forma do olho, coloquei ondulações repetidas, como a superfície da água. O sigilo geral parece muito calmo e sereno.

Transformar este sigilo em uma pintura e colocá-lo atrás da cama de Danielle, diretamente em sua frente, ou acima dela (como em uma tapeçaria/dossel) seria uma maneira maravilhosa para ela meditar sobre o símbolo antes de dormir. Se ela quiser algo mais sutil, pode ser desenhado na cabeceira da cama ou aplicado em uma fronha. Outra ideia seria fazer uma pequena almofada para os olhos e enchê-la com alfazema, depois costurar o tecido com o sigilo.

Um Sigilo para Fertilidade

Solução: Um Sigilo para Fertilidade

O propósito deste sigilo é duplo: parte devocional, visto que é para homenagear a Deusa Deméter, Deusa dos grãos, colheita e fertilidade, e uma forte figura materna. E outra parte referindo-se à concepção e dar à luz um bebê saudável. Essas ideias trazem duas imagens fortes à mente: um formato de grão para Demeter e um formato de semente em crescimento para o bebê. Comecei com uma bela mandorla rechonchuda para o formato da semente e, em seguida, criei uma linha vertical no topo dela. Para imitar o grão, organizei cinco divisas na linha vertical. A linha divide as cinco divisas em dez folhas, o que também representa o número de anos que Brenna e Nick estão casados. Eles tomaram a decisão de começar uma família há três anos, então no topo da linha coloquei três pontos (conforme o dito popular, a terceira vez sempre dá certo!). Na outra ponta, dei à semente algumas espirais para suas raízes. Entre as raízes, desenhei uma pequena explosão estelar para atuar como catalisador para fazer a semente crescer. Por último, flanqueei o corpo da semente com um par de Luas crescentes voltadas para fora para representar a proteção, bem como um ciclo.

Eu posso ver Brenna e Nick colocando este sigilo em seu altar como um ponto de foco, e/ou em algum lugar na estrutura da cama onde ambos possam vê-lo. Se o tempo funcionar, pode ser desenhado para fora em brotos de alfafa (eles germinam rapidamente) em solo fértil e cuidado. Brenna também poderia pintá-lo com hena na barriga.

Um Sigilo para Ter Foco

Solução: Um Sigilo para Ter Foco

Vernon tem muito a oferecer. Percebi que ele está equilibrando trabalho, um novo relacionamento e a faculdade. Por ser muito próximo de sua irmã, se preocupa com a família também. Ele está muito perto de terminar a escola com sucesso, mas obviamente está sentindo o estresse. O sigilo precisa ajudá-lo a se manter focado e equilibrado, e ter a certeza de que ele também cuida de si mesmo no processo. Comecei este projeto com uma cruz com os braços do mesmo tamanho. Decidi que precisava de um ponto focal mais forte, então coloquei um círculo ao redor da interseção, enfatizando aquele efeito de cruz, bem como a energia protetora para seu objetivo. No final do braço inferior, desenhei um triângulo estável para representar a sabedoria e uma base forte. No topo desse mesmo braço, coloquei uma estrela apontada para cima, para ascensão e excelência acadêmica. Para as extremidades horizontais dos braços, coloquei um par de corações, criando uma sensação de equilíbrio emocional. Além de cada um deles, coloquei um ponto fechado. Isso representa que esses relacionamentos estarão lá para ele e o ajudarão em direção a seu objetivo. Por último, fiz um X visual com quatro setas apontadas para dentro, voando em direção ao centro. Eles ajudam a direcionar atenção e energia para o objetivo de Vernon, que tem duas ferramentas principais para seus trabalhos acadêmicos: um caderno grande no qual ele fisicamente faz anotações, e seu laptop, onde também escreve – e ele os carrega em uma bolsa de lona. Ele poderia desenhar o sigilo na capa do caderno, colá-lo do lado de fora do laptop e desenhá-lo em sua bolsa.

Outra coisa interessante sobre Vernon é que ele realmente adora mocassins, incluindo uma moeda brilhante na parte superior de cada sapato. Eles o lembram de seu avô materno, que foi uma figura paterna importante em sua vida quando ele era pequeno. Então Vernon poderia pegar um marcador Sharpie fino e desenhar o sigilo em um lado de cada moeda, e então reposicioná-las (lado do sigilo para baixo) de volta em seus sapatos. De certa forma, por causa de sua associação com os sapatos, ele também chamará seus parentes que já faleceram para o guiar.

Um Sigilo para Banir e Conectar

Solução: Um Sigilo para Banir e Conectar

Está bem claro que Meg tem feito tudo que pode para tirar Kim de sua vida fisicamente. Ela está buscando proteção metafísica para si mesma, mas também tem compaixão por Kim. Apesar de querer que ela saia de sua vida, não quer impedi-la, machucando-a, prefere vê-la melhorar – sem prejudicar mais ninguém. Portanto, existem vários tipos e diferentes camadas aqui: separar Kim da vida de Meg e obscurecer o caminho evitando também que ela ou qualquer outra pessoa seja ferida. Aqui podemos separar em vários sigilos (um para proteção, um para banir, um para amarrar, etc.), mas se você pensar sobre isso, manter Kim contida e focada em um caminho de autoconsciência e tratamento pode resolver muitos dos problemas. Por estar na raiz dos problemas, decidi me concentrar nela.

Comecei desenhando um pentagrama invertido para representar Kim, porque, neste cenário, estou visualizando-a de cabeça para baixo como o Enforcado no tarô. Em seguida, coloquei-a em um círculo e desenhei uma caixa delimitadora ao redor do círculo. No centro de cada lado do quadrado, coloquei uma divisa voltada para fora. Eles criam um K repetido ao redor da caixa e também representam ouvidos atentos ou funis de informação. Alinhei três pontos na frente da boca de cada divisa – remédio a ser tomado e 3 x 4 = 12 para o Enforcado novamente, bem como o tempo de espera de um ano. Eu queria que sua energia se refletisse suavemente nela também, então coloquei uma meia-lua voltada para dentro em cada um dos cantos.

Meg pode usar uma solução de água salgada ou infundida com ervas para marcar sua casa, veículo, escritório, etc., com o sigilo para afastar Kim. Ela também pode tirar uma foto de Kim, desenhar o sigilo do outro lado e escolher entre queimá-la e espalhar as cinzas para longe dela. Ou ela poderia pôr Kim "no gelo" colocando a foto com o sigilo em um saco plástico com um pouco de água, lacrando-o e depois jogando-o no fundo do freezer.

Um Sigilo para Inspiração e Criatividade

Solução: Um Sigilo para Inspiração e Criatividade

Ao considerar a situação de Alex, o que se destaca para mim é que ele precisa se libertar dos ciclos, manter o ímpeto quando precisa e estar aberto a mudanças. O que geralmente acontece quando ficamos presos em ciclos é que nos concentramos em ver apenas em uma direção. Para estar aberto à inspiração e à criatividade (e não ser pego andando em círculos), precisamos reconhecer mais direções. Então, para o sigilo de Alex, comecei com uma estrela estilizada de seis pontas, fazendo os próprios triângulos em forma de ponta de flecha – um disparando para cima e o outro para baixo. Nos pontos superiores/inferiores singulares dos triângulos, coloquei "cabeças" em divisa dupla acentuando cada direção. Nos pontos de base de cada triângulo, coloquei divisas de "cauda" duplas, para dar um sentido adicional de direção. Em seguida, acrescentei asas em forma de espiral a cada lado da estrela, que também forma uma versão estilizada do símbolo do zodíaco para Áries, enquanto dá uma sensação de voo ou leveza. Por último, coloquei dois asteriscos em cada extremidade dos pontos direcionais, para significar inspiração e objetivos. O sigilo geral dá uma sensação de movimento tão forte, que qualquer direção é a correta, contanto que você continue se movendo.

Minha sugestão para Alex aplicar seu sigilo é tê-lo em algum lugar de seu estúdio onde possa vê-lo – talvez em uma mesa, cavalete ou porta. Se ele quiser, pode pensar em tatuá-lo. Outra proposta: se

Alex estiver em processos rituais, ele poderia acender algum incenso e "desenhar" o sigilo com a fumaça quando sentir que atingiu um bloqueio. Ou se ele trabalha em telas, pode pegar um pincel apenas com água e desenhar o sigilo na superfície de uma tela antes de começar a trabalhar.

Um Sigilo para Prosperidade

Solução: Um Sigilo para Prosperidade

Neste cenário, temos necessidades/objetivos imediatos que, com o tempo, permitirão que objetivos maiores sejam alcançados. Liza tem uma meta muito específica de arrecadar mais trezentos dólares por mês durante seis meses. Em sua profissão, essa quantia de dinheiro poderia ser ganha apenas com um ou dois shows a mais por mês. Quanto mais cedo ela começar, mais rápido ela poderá começar a planejar uma viagem ao exterior que impulsionará sua carreira. Para iniciar este sigilo, considerei a matemática enraizada no número seis: 6 x 50 = $ 300. Também estamos prevendo um período de seis meses. E o Seis de Espadas no tarô simboliza a viagem, geralmente para novos lugares. Então, para refletir essa matemática, fiz uma linha horizontal sobreposta com um X. No meio de cada "espada", fiz uma divisa voltada para fora, para um "punho". Então sobrepus cada uma das espadas com uma flor de cinco pétalas. Isso representa o potencial de oportunidades de dinheiro para florescer. Podemos obter o poder de aumento de dez do X inicial. Finalmente, desenhei uma grande pétala entre cada linha de intersecção para focar a energia no centro de todo o sigilo.

Liza pode não ter muito dinheiro extra agora, mas ela tem um grande pote de tomilho seco em seu armário da cozinha, e a Lua está quase cheia. Ela pode facilmente fazer uma pasta usando o tomilho e um pouco de água e espremê-la para fora de um saco plástico com um pequeno orifício na ponta. Com isso, ela pode desenhar o sigilo no chão da varanda de seu apartamento. Para um toque adicional, ela pode colocar moedas no centro do sigilo e em cada uma das flores.

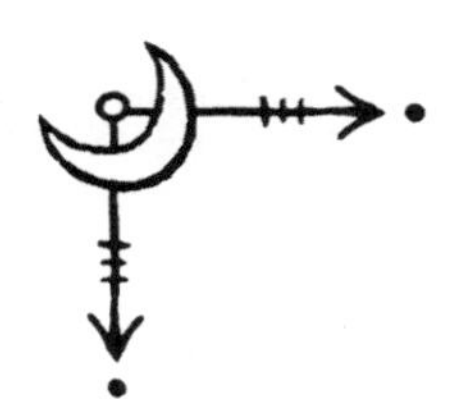

Capítulo 6

Galeria

Pensei que você poderia achar inspirador olhar para uma coleção de sigilos que eu fiz – para mim, para uso geral e para clientes. Também acrescentei alguns trabalhos de arte que incluem a produção de sigilos.

O Sigilo do Poder

Era o dia seguinte à eleição presidencial dos Estados Unidos de 2016, e o clima em torno de nossa casa, de nossa cidade e da maioria de nossos amigos e familiares estava bastante sombrio. Não me dou bem estando ociosa, nem me sentindo impotente. Eu precisava fazer *algo* que fosse produtivo, que tivesse significado e impacto. Então fiz o que é natural para mim: fiz um sigilo para outros usarem e o postei em meus blogs.

O texto a seguir foi escrito por mim para acompanhar a postagem que fiz sobre o Sigilo de Poder:

> Tanta coisa está em jogo, em risco e em perigo – mas estes são os tempos para os quais fomos feitos. Procuro trocar minhas lágrimas de medo e de pavor – por aquelas de determinação, geradas pelos ventos da revolução. Coloquei o pincel no papel e a intenção em ação, elaborando um sigilo para todos vocês que precisam de proteção e de orientação contra a tempestade iminente. Para convocar o meu poder e lembrá-lo do seu. Para ser um farol para nos levar ao tempo da Estrela, navegando com segurança pelo tempo da Torre.

Sigilo do Poder Vertical

Sigilo do Poder Invertido

Descrição do Sigilo de Poder e o Significado de cada parte

A maior parte deles é formada por uma estrela de cinco pontas, representando proteção e os elementos que nos constituem: Terra, Ar, Fogo, Água e Espírito. Dentro dessa estrela está uma segunda estrela, outra camada de proteção e um equilíbrio de identidades conflitantes, brilhando contra a escuridão e o desconhecido. Dentro dessa estrela está um círculo aberto que representa um ovo, uma semente da verdade, o olho da calma interior, potencial. Estendendo-se de cada braço da estrela maior estão flechas farpadas triplicadas. Elas guiam nossa energia para fora, alcançando ao mesmo tempo em que protegem, suas pontas cavando profundamente no que perfuram. Flanqueando cada divisa interna da estrela está uma Lua crescente – seus chifres protegendo as áreas vulneráveis enquanto também representam o aumento e o declínio da Lua, das ideias, das ondas. Há uma Lua para cada um dos próximos quatro anos, com uma quinta para marcar o surgimento de uma nova era de esperança e de mudança. Atrás de cada crescente está um ponto preto – um ponto de origem ou destino, a energia de uma Lua nova para enfrentar os medos e banir a escuridão por dentro e por fora.

Apresento o Sigilo de Poder para você aqui em duas variações: vertical/apontando-para-cima e invertido/apontando-para-baixo. Acredito que a estrela, independentemente de sua direção, representa a dualidade, tanto as energias masculinas quanto as femininas. A intenção do sigilo é a mesma para qualquer direção, mas uma pode ser mais atraente para você visualmente e/ou ser mais segura para usar em vista do desconhecimento. É uma marca para lembrá-lo de seu próprio poder e para ação.

Bem-vindo a compartilhar este sigilo, para usá-lo em sua casa, no trabalho, em seu corpo. Você pode imprimi-lo, desenhá-lo repetidamente para si mesmo, transformá-lo em um talismã, tatuá-lo no corpo, contorná-lo durante a meditação – o que quer que o ajude a ativá-lo. Peço que você simplesmente respeite meus direitos autorais do desenho, não reproduzindo-o com fins lucrativos, e entre em contato comigo para obter permissão para usos ou perguntas adicionais.

Obrigada e que assim seja!
#witchpower

Sigilos de Festival

A seguir, veja exemplos de sigilos de festival. Em cada evento em que ensino em meus workshops, a classe trabalha coletivamente comigo para criar um sigilo para a ocasião como parte do processo de aprendizagem. Conversamos sobre o que gostaríamos de obter com o evento ao longo dele – e talvez com o que voltaremos para casa – para nós mesmos, para nossos caminhos, etc. Fazemos um *brainstorming* de uma lista de palavras e, em seguida, examinamos cada palavra e consideramos como gostaríamos que fossem apresentadas. É uma experiência colaborativa sempre muito divertida. Incluí alguns desses sigilos com suas listas de palavras associadas.

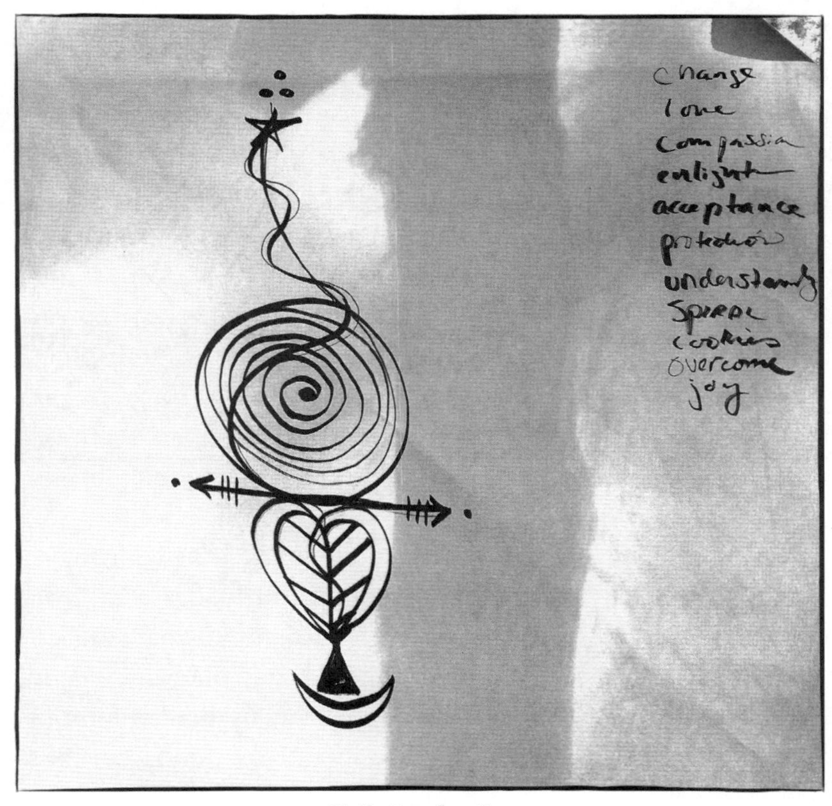

Sigilo PantheaCon

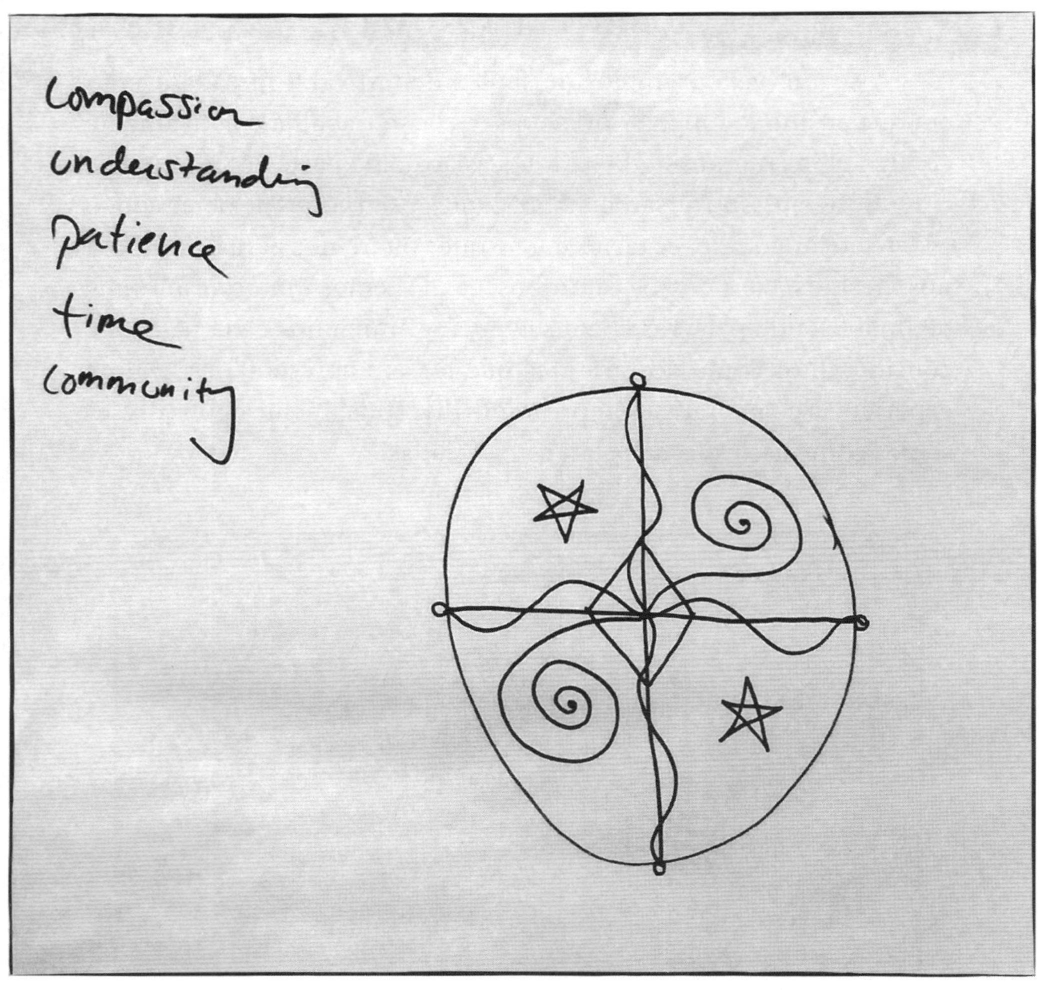

Sigilo Paganicon

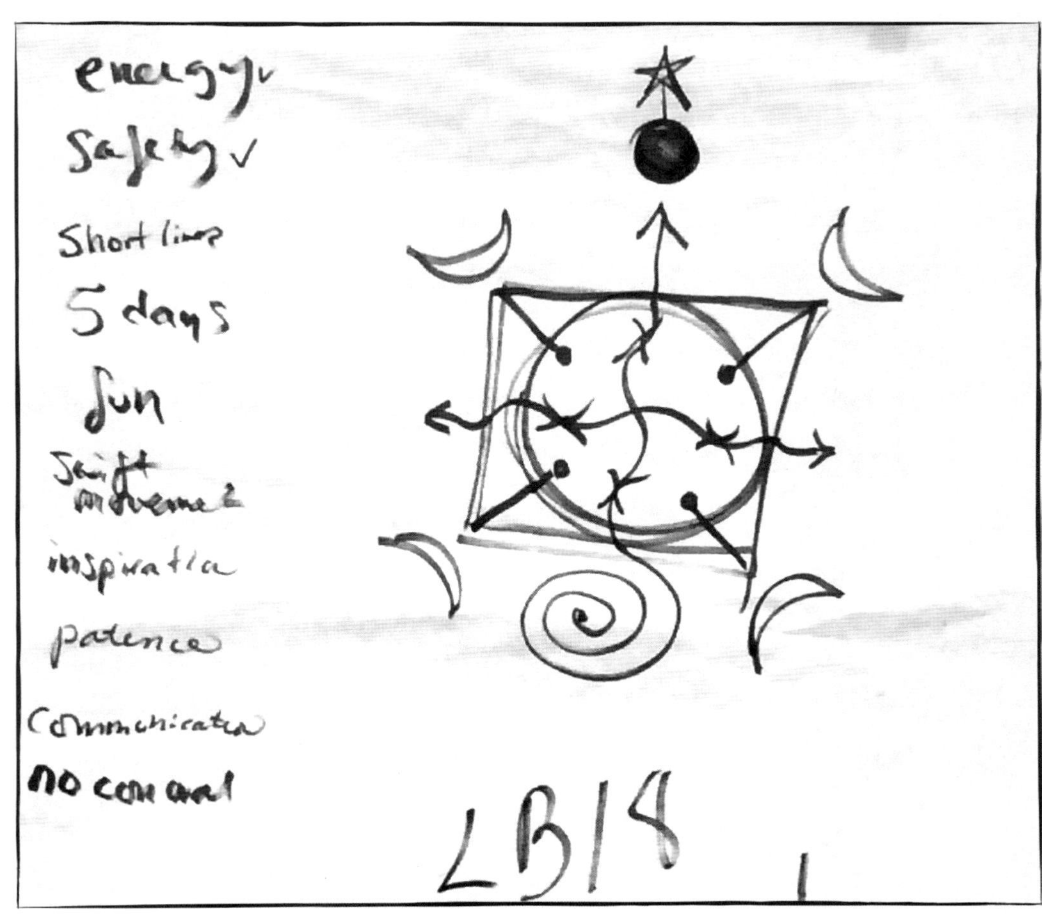

Sigilo DragonCon

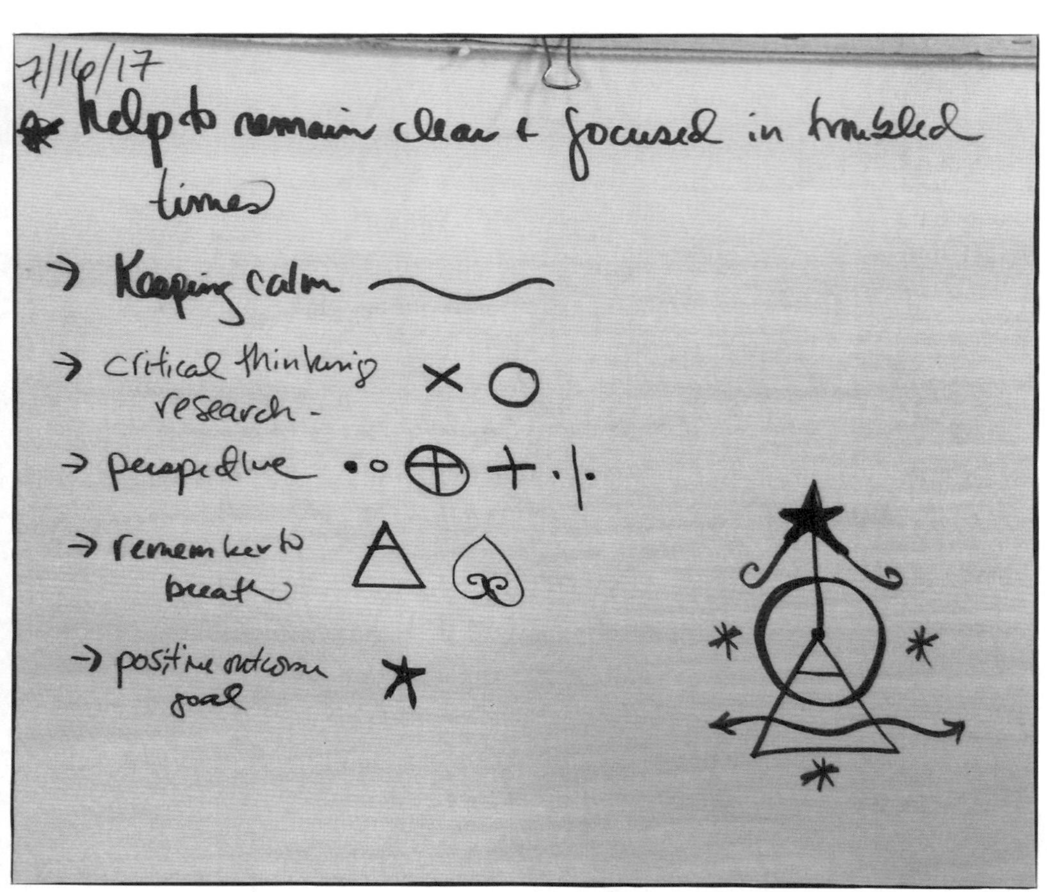

Sigilo do Workshop em Herne's Hollow, Delaware

O CADERNO DE ANOTAÇÕES DA ARTISTA

Percebi uma coisa interessante sobre como minhas anotações evoluíram desde meus dias na academia. Naquela época eu fazia anotações para a lição de casa, pontos importantes para lembrar nos testes, detalhando processos e procedimentos. Hoje em dia, se estou tomando notas, provavelmente estou em uma convenção ou conferência de algum tipo. Se não participo do painel ou da apresentação, então estou sentada na plateia, provavelmente fazendo uma das duas coisas: escrevendo argumentos/pensamentos sobre o que está sendo dito ou esboçando enquanto absorvo o que ouço. O primeiro envolve em grande parte meu cérebro esquerdo trabalhando em aceleração enquanto eu avalio o que estou ouvindo e processo o contra-argumento ou a concordância em minha cabeça. O último é quase como gravar um disco. Pode parecer que estou rabiscando, mas depois, quando olho para a imagem, posso me lembrar de muito do que foi dito. A imagem nem precisa ter nada a ver com qual foi o tema para que eu me lembre (embora muitas vezes seja inspirada por ele).

Da mesma maneira, quando estou trabalhando em pinturas e ouvindo podcasts ou rádio, muitas vezes consigo me lembrar que história estava sendo contada na época e como me senti a respeito, tudo só por olhar para a pintura – ou uma impressão da pintura! No entanto, não funciona do mesmo modo com música de fundo. A música tende a ficar para trás, enquanto as coisas nas quais estou pensando vão para o primeiro plano. É por isso que prefiro ouvir algo com história, como um podcast, quando estou fazendo arte. Ele cancela a parte falante de meu próprio cérebro, deixando-a fora da equação consciente do processo de fazer arte.

Sigilo Feito de Forma Artesanal com Notas

Outra Página do Caderno de Anotações

Sigilo Mago Djinn

Mago *Djinn* é a parte do meu negócio onde foco em design, Magia de Sigilos e designs de roupas folclóricas modernas – www.magodjinn.com. Para criar este sigilo, tomei as letras M e D como meus pontos de partida, e considerei o que eu queria fazer com este conceito e para onde eu queria que ele me levasse.

Sigilo Mago Djinn

Sigilos Customizados

Como parte da minha conta no Patreon, estive projetando sigilos para aqueles que participam de determinados níveis. Eles descrevem para mim o que estão procurando e eu crio o sigilo. Aqui estão alguns exemplos.

Sigilo da Jaime: fundamento, criatividade, fortuna, inspiração, bem-estar, livrar-se da ansiedade.

Este sigilo foi incluído em memória de Jaime Johnson: 1980–2017. Jaime solicitou este sigilo na primavera de 2017, e eu forneci um esboço para ela então. Infelizmente, Jaime perdeu a vida tragicamente no mês de julho seguinte, então nunca tive a chance de dar a ela a versão digital de seu sigilo. Ela era realmente uma pessoa linda e vibrante, então estou escolhendo incluir seu nome completo, seu pedido e o sigilo concluído aqui para homenageá-la e lembrar dela. Descanse no poder, Jaime <3.

Sigilo da Jaime

Sigilo da Carolyn: recuperar a saúde, felicidade, aventura, espiritualidade.

Sigilo da Carolyn

Sigilo da Jennifer: aventura, equilíbrio, conseguir ímpeto e foco.

Sigilo da Jennifer

Sigilo da Kim: estar presente, não morar no passado ou se preocupar com o futuro, labirinto.

Sigilo da Kim

Sigilo de M's: pensamento positivo, proteção, amor, exploração, Morrighan, Anúbis.

Sigilo de M's

Sigilo da Mary: saúde e foco.

Sigilo da Mary

Sigilo do Matthew: sorte e prosperidade.

Sigilo do Matthew

Sigilo da Megan: sono repousante.

Sigilo da Megan

Sigilo do Paul: encontrar a felicidade

Sigilo do Paul

Sigilo da Stephanie: abrir caminhos, crescimento, criatividade, caminho espiritual.

Sigilo da Stephanie

Sigilo da Veronica: disciplina, foco, atrelar energia e sabedoria, ir rumo a um território desconhecido.

Sigilo da Veronica

A Mãe Matriz

Uma das minhas obras de arte mais populares até hoje é a Mãe Matriz. O que considero particularmente notável é que, apesar da quantidade de significado que muitas pessoas veem nela – e o quanto ela inspirou as pessoas – essencialmente ela veio do nada. Muito da minha arte é baseada em uma ideia ou visão específica, então ela passa a existir. Mas não havia um grande plano para o início desta peça.

Em vez disso, uma amiga me convenceu a participar das vendas em um evento, principalmente para lhe fazer companhia. Não me senti muito confortável ali e, por longos períodos de ócio, o processo das vendas era demorado. Eu me instalei em uma estação de desenho, quase escondida atrás da minha tela, e abri um grande bloco de desenho. Peguei um lápis e comecei a misturar formas orgânicas e geométricas na forma de uma figura parecida com uma Deusa. Depois de algumas horas, a figura estava completa, a lápis. Compartilhei algumas fotos do trabalho em andamento on-line e fui nocauteada pela resposta massiva. No dia seguinte fiz o acabamento com tinta no desenho (tomando cuidado para não estragar tudo!).

No fim de semana seguinte, fui selecionada para fazer uma demonstração de Arte em Ação na Norwescon. Recentemente, tinha pegado alguns painéis de bétula de 1 x 2 polegadas, então decidi que iria traduzir o desenho em uma pintura para a demonstração. Preparei um painel com gesso e enquanto estava na convenção usei tinta nanquim e água para delinear a figura e fazer camadas ao longo da demonstração. Depois, levei-a para casa, em um ou dois dias toda a pintura estava pronta.

Desde então, tanto o desenho original quanto a pintura encontraram seu lugar em gravuras, roupas, tatuagens e muito mais.

O Desenho da Mãe Matriz

A Pintura da Mãe Matriz

Outras Obras de Arte

Como mencionei no capítulo 3, muitas vezes incorporo Magia de Sigilos em minhas pinturas. Incluí algumas delas nas próximas páginas para mostrar como é. Muitas dessas peças foram originalmente feitas em cores – e você pode vê-las totalmente em tecnicolor on-line em www.owlkeyme.com.

A série Iconomage é uma exploração de divindades e mitos de Bruxas, pintadas em painéis recuperados de cedro que medem 8,5 cm de altura x 14 cm de largura. Vinte peças deste grupo que disponibilizo em tamanho real e ⅓ em impressões giclê que eu monto na madeira e embelezo à mão. Chamo de tamanho real as peças em estampas de “Templo” e as estampas de ⅓ do “Santuário”, pois permitem que os colecionadores criem um espaço pessoal e sagrado imediato.

Território familiar é uma pintura mista em painel de bétula que mede 5 cm x 5 cm e fez parte da minha exposição individual “Coração de Bruxa” em 2016. Explora energias elementares com espíritos animais/pessoais. (O original está em uma coleção particular. Pequenas gravuras estão disponíveis.)

A *Rainha do Sabbat* é uma pintura mista em tela recuperada que mede 81,3 cm x 1 m. Esta é a pintura que me inspirou a criar os sigilos para minhas próprias pernas. (A pintura original está atualmente na coleção da artista. Pequenas estampas estão disponíveis.)

O Xamã é uma pintura mista em tela recuperada e suas medidas são 81,3 cm x 1 m. Esse motivo é algo que tenho revisitado desde os anos de 1990, quando me deparei com desenhos baseados em “O Feiticeiro”, uma imagem encontrada na Caverna de Trois-Frères em Ariège, França, feita por volta de 13.000 AEC. (A pintura original está atualmente na coleção da artista. Pequenas gravuras estão disponíveis.)

Detalhes das pinturas da série Iconomage: A Deusa Estelar • A Caçadora • Hécate • Quando o Amor Estava com a Morte e as Trevas, a Luz Nasceu

Território Familiar

Rainha do Sabbat

O Xamã

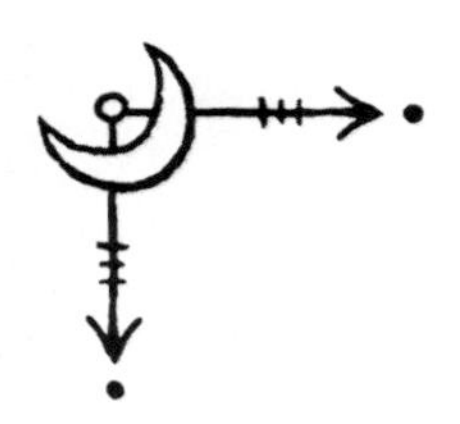

Conclusão

Chegamos ao fim de nossa jornada na Magia de Sigilos. Espero que você a tenha achado esclarecedora e esteja inspirado para experimentá-la por si mesmo. Lembre-se de que é perfeitamente válido criar seu próprio sistema de simbolismo imbuído de significado pessoal. Seus sigilos não precisam se parecer com os meus ou de qualquer outra pessoa, porque eles são seus. Não tenha medo de experimentar, tentar novas técnicas e, o mais importante, dê-se tempo para praticar e desenvolver suas habilidades. Além disso, não se surpreenda se começar a ver o mundo ao seu redor com uma nova percepção. Isso tende a acontecer quando você se desafia a ver e pensar de forma diferente. Bênçãos para você e tenha uma feliz criação de sigilos!

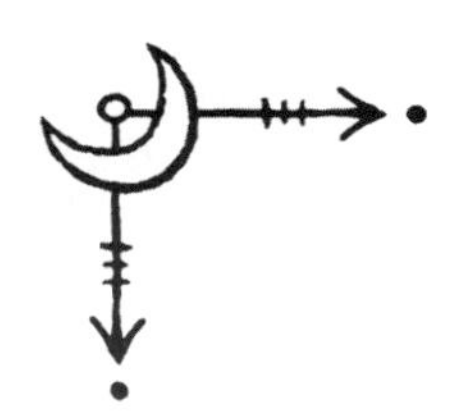

Recursos

Suprimentos de Arte e Sigilos

Alchemy Works: tintas especiais, sementes para ervas de Bruxa e muito mais (www.alchemy-works.com).

Blick Art Materials: não tem uma loja de suprimentos de arte perto de você? Confira www.dickblick.com

Kəvən 'Craft Rituais: tinta para rituais, grimórios e muito mais (www.kevencraftrituals.com).

Rosarium Blends: tinta e papel para sigilos, entre outras coisas adoráveis (www.rosariumblends.com).

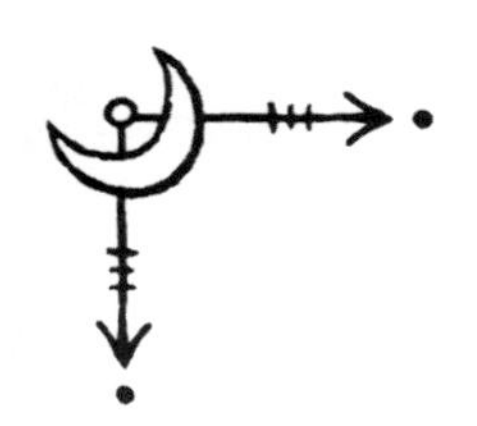

Bibliografia e sugestões para futuras pesquisas

Arte, história e cultura

Se você quiser saber mais sobre algumas das obras de arte e culturas que mencionei, aqui está uma lista para começar. Quando se trata de História da Arte e antropologia em geral, tente encontrar as versões mais atuais dos livros didáticos, pois novas informações e pesquisas estão sempre sendo descobertas.

Courtney-Clarke, Margaret (fotógrafa). *Imazighen: The Vanishing Traditions of Berber Women.* Ensaios de Geraldine Brooks. New York: Clarkson Potter Publishers, 1996.

Critchlow, Keith. *Islamic Patterns: An Analytical and Cosmological Approach.* Rochester, VT: Inner Traditions, 1999.

Edwards, Betty. *The New Drawing on the Right Side of the Brain.* 1979. Reimpressão, New York: Jeremy P. Tarcher/Putnam, 1999.

Lewis-Williams, David. *The Mind in the Cave: Consciousness and the Origins of Art.* Londres: Thames & Hudson, 2002.

Lewis-Williams, David e Thomas Dowson. *Images of Power: Understanding Bushman Rock Art.* Johannesburg: Southern Book Publishers, 1989.

Morphy, Howard. *Aboriginal Art.* Londres: Phaidon, 2007.

Stokstad, Marilyn. *História da Arte, Volumes I e II.* New York: Prentice Hall, 1995.

Von Petzinger, Genevieve. *The First Signs: Unlocking the Mysteries of the World's Oldest Symbols.* New York: Atria Books, 2016.

Símbolos gerais e magia

Para verificar a obra *Key of Solomon* e outras obras esotéricas de domínio público, acesse www.esotericarchives.com.

Bruce-Mitford, Miranda. *The Illustrated Book of Signs & Symbols.* New York: DK Publishing, 1996.

Lunde, Paul, ed. *The Book of Codes: Understanding the World of Hidden Messages.* Berkeley, CA: University of California Press, 2009.

Paine, Sheila. *Amulets: Sacred Charms of Power and Protection.* Rochester, VT: Inner Traditions, 2004.

Parker, Derek and Julia. *The Power of Magic: Secrets and Mysteries Ancient and Modern.* Londres: Mitchell Beazley, 1992.

Pennick, Nigel. *The Book of Primal Signs: The High Magic of Symbols.* Rochester, VT: Destiny Books, 2007.

Pepper, Elizabeth. *Magic Charms from A to Z* Newport, RI: The Witches 'Almanac, Ltd., 1999

Ronnberg, Ami e Kathleen Martin, eds. *The Book of Symbols: Reflections on Archetypal Images.* London: Taschen, 2010.

Austin Osman Spare

Interessado em ler mais sobre AOS e sua influência na magia do caos?

Baker, Phil. *Austin Osman Spare: The Occult Life of London's Legendary Artist.* Berkeley, CA: North Atlantic Books, 2014.

Carroll, Peter J. *Liber Null & Psychonaut: An Introduction to Chaos Magic.* York Beach, ME: Weiser Books, 1987.

Grant, Kenneth. *Images and Oracles of Austin Osman Spare*. Edmonds, WA: Holmes Publishing Group, 2003.

Spare, Austin Osman. *The Book of Pleasure (Self-Love), 1913*. Reimpressão, Calgary, AB: Theophania Publishing, 2015. Também disponível em formato PDF on-line.

Bons pontos de partida para explorar outros sistemas de símbolos

Existem muitos sistemas de símbolos por aí. Selecionei alguns livros realmente bons, caso você queira investigar alguns dos que não foram abordados neste livro. Estes são aqueles em que fazem morada na minha biblioteca pessoal.

Dominguez, Ivo, Jr. *Practical Astrology for Witches and Pagans*. San Francisco, CA: Weiser Books, 2016.

Flowers, Stephen E. *Icelandic Magic: Practical Secrets of the Northern Grimoires*. Rochester, VT: Inner Traditions, 2016.

Gray, Eden. *A Complete Guide to the Tarot*. New York: Crown Publishers, 1971.

Laurie, Erynn Rowan. *Ogam: Weaving Word Wisdom*. Stafford, UK: Megalithica Books, 2007.

Paxson, Diana L. *Taking Up the Runes: A Complete Guide to Using Runes in Spells, Rituals, Divination, and Magic*. Boston, MA: Weiser Books, 2005.

Herbalismo mágico

Os livros de Paul Beyerl estão repletos de sabedoria, história, usos e associações mágicas de ervas – definitivamente vale a pena ter pelo menos um deles em sua biblioteca. O livro de Scott Cunningham também é um guia fácil de usar que tende a estar prontamente disponível. O livro de Harold Roth concentra-se em treze ervas específicas para Bruxaria, mas o que é especialmente maravilhoso sobre isso é que ele se concentra muito nos aspectos de cultivo e no trabalho com as plantas ao invés de apenas na tradição, no uso e na história.

Bruxaria e Paganismo

E também existem muitos livros sobre Bruxaria e Paganismo por aí. Eis alguns dos meus favoritos que sempre recomendo.

Drawing Down the Moon de Margot Adler: Se você estiver interessado em aprender mais sobre o Paganismo Moderno, este é o livro número um que eu recomendo para obter uma visão geral da história do Neo-paganismo e de muitos dos ramos que você encontrará. Infelizmente, Margot faleceu em 2014, então não receberemos mais atualizações dela, mas espero que alguém carregue a tocha e acompanhe os desenvolvimentos culturais para uma edição futura.

Witchcraft for Tomorrow por Doreen Valiente: Se você está procurando saber mais sobre Bruxaria, o primeiro livro que eu sempre recomendo é *Witchcraft for Tomorrow* de Doreen Valiente, a mãe da Bruxaria/Wicca Moderna. Muito da bela linguagem poética que você pode encontrar na Wicca veio de Doreen, e ela continuou a pesquisar a Bruxaria e o folclore históricos depois de se separar de Gerald Gardner. Eu amo sua atitude e sua abordagem objetiva, temperada com um toque de capricho. Verifique também seus livros *Natural Magic e The Rebirth of Witchcraft.*

The Witch's Book of Power e The Witch's Book of Spirits, de Devin Hunter (Woodbury, MN: Llewellyn, 2016 e 2017). Se você está procurando por algo mais recente, com uma visão mais moderna da Bruxaria, dê uma olhada nesses dois livros de Devin Hunter. O último é especialmente bom se você quiser ler mais a fundo sobre como trabalhar com espíritos, divindades e outras entidades.

Interessado em aprender mais sobre a Tradição Moderna da Bruxaria? Visite www.moderntraditionalwitch.com para começar. Eu comecei o site em 1998, então ele existe há muito tempo e recentemente foi reformulado. Têm mais livros para você conferir. Para divagações semanais, siga meu blog em Patheos, A Modern Traditional Witch.

Com o aumento do custo da mídia impressa, há menos revistas Pagãs impressas no mercado, mas uma assinatura da revista Witches & Pagans da BBI Media certamente deixará você e sua caixa de correio felizes. Pode também desfrutar do conteúdo de sua blogosfera on-line em www.witchesandpagans.com. E se gostar de ler blogs, verifique a riqueza de vozes Pagãs com as quais você pode deleitar seus olhos e cérebro em www.patheos.com/Pagan.

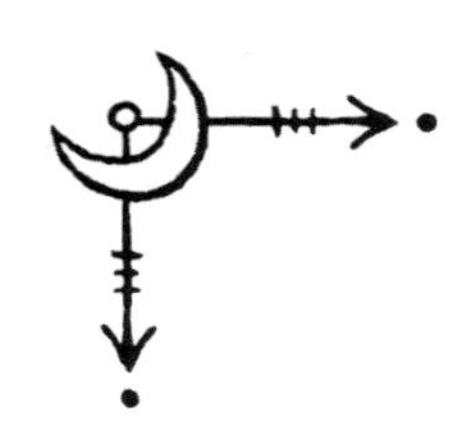

Índice de Símbolos

OUTROS LIVROS DA EDITORA ALFABETO

OUTROS LIVROS DA EDITORA ALFABETO